青少年法治教育漫画绘本丛书

开心漫漫看

网络安全篇

（第二版）

最高人民法院研究室
上海市浦东新区人民法院
上海市浦东新区精神文明
建设委员会办公室
编

本册 主编 朱丹
副主编 罗开卷 顾江平
夏燕华

人民法院出版社

图书在版编目（CIP）数据

开心漫漫看．网络安全篇 / 朱丹主编 ；罗开卷，顾江平，夏燕华副主编 ；最高人民法院研究室，上海市浦东新区人民法院，上海市浦东新区精神文明建设委员会办公室编．-- 2版．-- 北京 ：人民法院出版社，2024.4
（青少年法治教育漫画绘本丛书）
ISBN 978-7-5109-4142-9

Ⅰ．①开… Ⅱ．①朱… ②罗… ③顾… ④夏… ⑤最… ⑥上… ⑦上… Ⅲ．①法制教育－中国－青少年读物 Ⅳ．①D920.5

中国国家版本馆CIP数据核字(2024)第083800号

开心漫漫看·网络安全篇（第二版）

最　高　人　民　法　院　研　究　室
上　海　市　浦　东　新　区　人　民　法　院　编
上海市浦东新区精神文明建设委员会办公室
朱　丹　主编　罗开卷　顾江平　夏燕华　副主编

策划编辑　韦钦平
责任编辑　张　艺
执行编辑　沈洁雯
出版发行　人民法院出版社
地　　址　北京市东城区东交民巷27号（100745）
电　　话　（010）67550667（责任编辑）　67550558（发行部查询）
　　　　　　65223677（读者服务部）
客服QQ　2092078039
网　　址　http://www.courtbook.com.cn
E－mail　courtpress@sohu.com
印　　刷　北京瑞禾彩色印刷有限公司
经　　销　新华书店

开　　本　850×1168毫米　1/32
字　　数　200千字
印　　张　7.5
版　　次　2024年4月第1版　2024年7月第2次印刷
书　　号　ISBN 978-7-5109-4142-9
定　　价　38.00元

开心漫漫看——网络安全篇
编委会

前言

愿少年远离风险，让法律护航未来。

网络世界，虚拟与现实交织，精彩和诱惑并存，随着时代发展，我们的生活已越来越离不开网络，比如在线学习、休闲娱乐、沟通交流……但我们作为少年司法工作者同时也看到，网络里的“隐秘角落”容易让涉世未深的少年遭遇侵害，甚至滑进了犯罪深渊。如何让孩子们甄别网络潜在风险？如何提高自我保护能力？这些问题时时萦绕在上海浦东法院少年家事庭每一位法官的心头。

两年的反复打磨，无数次的策划、讨论、修改，这本《开心漫漫看——网络安全篇》就是我们给出的少年网络安全锦囊。10个小故事全部精选自我们少年庭审理的真实案例，涵盖了网络世界里充斥的交友陷阱、隐私泄露、游戏沉迷、毒品诱惑、不法直播等“暗流漩涡”。采用漫画方式叙述，生动形象，寓教于乐地在故事中“点法”。同时，为了让大家更深入了解这些网络犯罪的构成要件及刑事责任，我们又特意在每个故事结尾加入了《燕子姐姐开“心”一刻》的“以案说法”栏目。最后，我们还附录相关法律条文，便于读者直观了解对应的法条内容。通过这样由浅入深，层层递进式阅读，将专业抽象的法律规定和道德规范融入“超超”“丸丸”“皮皮”（超顽皮）等鲜活的漫画人物故事之中，让读者在不知不觉中理解法律、遵守法律、运用法律。

我们希望这本普法漫画能启迪孩子们的心智，让他们更好地明辨纷繁复杂的网络世界；我们还希望它能打开孩子的心扉，让他们更深地感受校园的温馨、社会的关爱；我们更希望它能实现编者的心愿，让每一个孩子在开心阅读中自觉防范网络风险，远离违法犯罪。

亲爱的读者朋友，如果您是老师、家长，诚挚期待您的宝贵意见和建议，让我们共同守护好孩子们的成长之路！如果你还是在校的学生，请赶快加入我们的“开心学校”大家庭，与“超顽皮”一起快乐成长，有问题随时联系“燕子姐姐”，《开心漫漫看》就在你身边哦！

编者

2023年7月

目录

漫画要开始了！下面是本书的主要人物介绍哦！

超超：男，大方开朗，为人仗义，好打抱不平，十足的“数码控”，对电子产品爱不释手，爱耍酷，有点小霸道。

丸丸：男，矮胖身材，爱吃肉丸，人送昵称“丸丸”，心地善良，有点憨，有点胆小，是个“小跟班”。

皮皮：男，聪明机灵，足智多谋，不服输，喜欢问为什么，就是有点粗心，马虎，常有些令人头疼的调皮举动。

（以上三人自称“凹凸曼光明使者”，但在大家心目中则是不折不扣的“超顽皮小魔头”。）

美美：女，文艺骨干，美貌与智慧并存，心灵手巧，爱赶潮流，略有“娇骄”二气，招牌动作是撩头发。

妞妞：女，钟爱粉色，能说会道，待人热情，特别有爱心，人缘好，但有点小心眼，对超超青睐有加。

班长：男，架副黑框眼镜，文质彬彬，老师眼中的“乖乖男”，不过在同学中还算有威信，有时略为刻板。

贝贝：女，校园小记者，观察敏锐，对法律问题极感兴趣，经常手拿录音笔采访校园新闻事件，视燕子姐姐为偶像。

燕子姐姐：女，法官，兼任校法治辅导员，业务精湛，和蔼可亲，分析问题深入浅出，还特别温柔，善解人意。

豆豆：男，皮皮的表哥，高中生，头脑聪明，年纪虽小却擅长美食DIY，喜欢交朋友，热心肠，就是做事有些小冲动，爱逞能，口头禅是“也没有那么厉害啦”。

肖队长：男，缉毒大队队长，为人正直，勇敢善良，是正义的使者。

小章：男，高中生，豆豆同学，成绩平平，性格开朗，喜爱篮球，有点小虚荣。

兰兰：女，初三学生，美美的表姐，爱美，爱幻想，爱看言情小说。家教严，有点小叛逆。

小谷：女，初中生，超超堂姐，性格开朗，游戏达人。

小云：女，高中生，丸丸的表姐，身材微胖，人送外号“胖妞”，爱美，喜欢跳舞，性格活泼。

小哈：男，高中生，豆豆的同学，父母常年在外打工，跟爷爷共同生活，家境困难，常常受到帮扶，敏感自卑。

小晋：男，高中生，父母管教严厉，头脑灵活，但做事莽撞，喜欢美工，理想成为一名设计师。

林林：男，高中生，豆豆的同学，父母常年在外务工，独立、懂事、节俭，渴望父母关爱，内心有些自卑。

小唐：男，初中生，沉迷电脑游戏。性格沉闷阴郁，为人冷漠，常常因为一些小摩擦而与同学动手。

文文：女，高中生，刚刚转校，内向，性格善良，乐于助人。

笑笑：女，17岁，豆豆的原同学，高中辍学，长相漂亮，虚荣心强，不甘平凡，却又喜欢不劳而获。

持卡人签名
AUTHORIZED
SIGNATURE

第一篇

“失控”的银行卡

周六上午 广场
超顽皮三人组和豆豆、小章在广场滑旱冰。
丸丸站在原地不敢动弹，小章踉踉跄跄地往前挪动。
经过丸丸身边时，小章一个不稳，直挺挺地扑向丸丸。
哎！哎！哎……
小章压在丸丸身上，试图站起来。
小章再度失去平衡。
啊！

豆豆和皮皮滑过来，扶起小章和丸丸。
小章哥，要不是我有人肉气垫，刚才就“死”定了！
对不起啊，丸丸，我也是第一次滑，不太会控制。
大家练习，小章坐在长椅上休息，飞哥迎面走来。
这不是小章嘛！
初中毕业后好像再也没见过了呢！
飞哥？
你这变化挺大呀！
嘿嘿！刚染的头发，才300元，酷吧？
倒是你，一点没变。
酷倒是酷，但学生要有学生样！
我早就不是学生了！

我现在是社会人，目标就是赚钱啊！
好久不见，走，哥请你吃饭！
不不不，这怎么好意思？
有什么不好意思的？你今天不去就是不给我面子。
好吧。
周六中午 烧烤店
小胖烧烤
服务员，牛肉串来20个，羊肉串来20个，鸡翅来10个，烤大虾来10个……
够了！够了！别浪费了！
没事，哥不差钱！再来一份烤鱼！
先这些，不够再加！

飞哥，你现在不错呀！
我和你讲，哥现在生财有道，不差钱！名牌衣服随便买！
看见没？最新款手机！
飞哥，你混得真好！
小章，你不知道，现在这个社会，有时候赚钱真的太容易了！
对了，你有银行卡吗？
呃？银行卡？
没有呢，我两位数的存款哪值得用六位数的密码去保护啊？
哈哈！
你还挺幽默！对了，咱俩加个微信吧，以后常联系。
随即两人互加了微信。

周六晚上 小章家
小章坐在沙发上看手机，
表弟小辉在一旁看漫画。
小章翻阅飞哥的朋友圈，
里面都是飞哥各种花式炫富。
天气真好，出海！
新球鞋，才750
新球鞋，才750元，值！
小章忍不住跟小辉讲起今天跟飞哥见面
的事情，并给小辉看了飞哥的朋友圈。
你同学现在
这么牛啊！
是啊，感觉他赚
钱特别容易。
对了，弟弟，
如果你现在
有钱了，你
想干什么？
如果我有钱，我
肯定先把《绝地
武士》的全套漫
画买了，再买它
的手办。

我要是有钱，我也要买飞哥的同款新球鞋。
算了吧！别说新款球鞋了，我们现在连40元的漫画杂志钱都没有！
24
小章心碎。
唉！
24
小辉和小章丧气地瘫坐在沙发上，呆呆地看着天花板。
周五放学后 校门口
开心学校
HI!
飞哥，你找我？
小章，你想不想赚钱？
呃……呃……没有人不想赚钱吧！

那就好！
我现在有个门路，可以轻松赚钱。
你帮我办一张银行卡，我给你300元。
这么好啊！
那卡拿去做什么呢？不会是去做坏事吧？
这你就不用管了。我们是朋友，我不可能害你的。
你就放一百个心吧！
你也可以叫你朋友一起，有钱大家赚嘛！
小章犹豫，没有当场答应。
不急，你考虑考虑，今晚给我答复。

周五晚上 小章家
小章将飞哥找自己办银行卡的事告诉了表弟小辉。
想不到办一张银行卡就能赚300块，真是太好了！
哥，带我一个！
可是……可是……这钱来得也太容易了。
而且我总觉得把自己的卡给别人不太好，万一……
哥，没事，你想多了，办卡又不犯法。
再说飞哥是你同学，不可能害我们。
也对！有钱不赚是傻瓜！
我一会儿就给飞哥打电话，明天就去办！
我终于能拥有全套《绝地武士》了！
欧耶！

周六下午 银行门口
银行
小章带着小辉和飞哥会面。
不错啊，小章，
办事挺麻利的嘛！
走，先去办手机卡！
嗯？
不是就办银行卡吗？
为什么还要办手机卡？
这你就不懂了吧！
手机卡、银行卡还有
网银U盾这“三件套”
加一起才值钱！
飞哥，这个真的
没问题嘛？
你要拿这些
干什么呀？
??
哎呀，我还能坑你们嘛？
怎么一点都不懂社会！
什么意思？

我问你们啊，你们爸妈如果去菜市场买鱼，
卖鱼的会问他们“你买鱼干什么呀？”
“你是红烧、清蒸还是要当宠物养啊？”
你觉得卖鱼的会问吗？
不会。
所以啊，我买银行卡做什么，你们没必要管，懂吗？
小章、小辉弱弱地点头。

瞧你们吓的，
放心吧，
No Problem!
肯定不让你们吃亏！
飞哥，你刚才真的吓到我了。
见飞哥笑起来，小章、小辉也舒了一口气。
开玩笑啦，走，办卡去。

中国电信
飞哥带着小章和小辉去电信公司各自办了一张手机卡,又带他们到银行办了借记卡及网银U盾。
小章和小辉将自己的“三件套”交给了飞哥。
飞哥将600元钱交给小章。
小章和小辉非常开心。
多像两只小羊啊!
飞哥看着两人远去的背影感叹。

三个月后 派出所
公安 POLICE
小章和小辉被传唤至派出所接受调查。
你们知道"喜欢钱"这个APP吗？
不知道。
朱星这个人你们认识吗？
不认识。
朱星报警说，在"喜欢钱"APP上被人诈骗了20万元。
他被骗了，为什么要找我们啊？
我们没骗他呀！

而且小章卡里的过账资金将近120万元！
啊？
120万元？
怎么回事？老老实实说吧！
你们知道这样做是犯罪吗？
啊！我知道了，一定是飞哥！
三个月前，他让我们帮忙办银行卡……

其实，当初他要花钱买银行卡时，我就感觉有些蹊跷。
但是想着自己只是把卡给他，也没干别的事，应该不要紧。
没想到闯了大祸！
都怪我们一时贪图小利……
警察叔叔，我们错了！
最终，小章因犯帮助信息网络犯罪活动罪被判处拘役四个月，缓刑四个月，罚金五百元。
小辉因为银行卡过账资金不满20万元，未到入罪标准，未被追究刑事责任。
而飞哥所在的诈骗团伙也被一网打尽，绳之于法。

燕子姐姐，小章、小辉因为卖银行卡被抓了！原来把自己的银行卡给别人用也可能犯罪啊！
是的，这是帮助信息网络犯罪活动罪的一种常见形式。

啊？这个罪的名字好长，怎么理解呢？
通俗理解就是明知他人实施网络犯罪仍然提供支持和帮助，情节严重的行为，最高可判处三年有期徒刑。

近年来，互联网飞速发展，给大家带来便利的同时，也常常被不法利用，甚至滋生各种违法犯罪，比如我们比较熟悉的网络诈骗。

嗯，网络诈骗真是防不胜防，害人不浅！
不要小看了提供银行卡、电话卡这些环节。网络犯罪环环相扣，这正是犯罪分子骗取、转移资金的必要渠道。
看来小小的一张卡，可是网络犯罪的重要工具！
没错。尤其是银行卡、网银U盾、电话卡这所谓的“三件套”，与我们的个人信息、账户资产紧密相关，一旦脱管将后患无穷。如果有人出售或者转借给犯罪分子，就会沦为犯罪的“帮凶”，也将受到法律的严惩。
想想也是，平白无故出钱让人办卡，肯定有猫腻。
小章他们为了几百块的好处卷入犯罪，太不值得了！

的确。未成年人涉世不深，易被蛊惑，往往是犯罪分子的首选目标。
所以，燕子姐姐还要强调两点。一要提高警惕，拒绝诱惑。一分劳动一分收获，天下没有免费的午餐，不能被蝇头小利轻易蒙蔽。
24
二要保护隐私，预防泄露。重要的个人信息及证件、账户务必妥善保管，注意使用安全，确有必要办理新卡的，应当主动告知并交由家长处理。
今天真是长知识了！谢谢燕子姐姐！我会把学到的分享给同学们！

番外篇

周六下午 豆豆家
超超、丸丸、皮皮、小章在豆豆家做作业。
叮
小章哥，
你手机有消息。
帮我看一下。
尊敬的手机用户您好，
恭喜您被开心早班车
栏目组真情回馈活动
抽取为幸运号，
奖品为3000元梦想基金
以及价值5800元的品牌
笔记本电脑一台。
请点开链接进行
身份验证，火速
领取奖品！

哇哇哇！
还有这等好事！
哥，你也太幸运了吧！
小章波澜不惊，拿过手机。
奖品为3000元
以及价值5800元的品牌笔记本电脑一台。
请点开链接进行身份验证，火速领取奖品！
删除
小章删除了短信。
小章哥，你为什么把短信删了？
大奖都不要啦！

这种天上掉馅饼的事肯定是诈骗！
骗子就是利用人们贪小便宜的心理，专门编造各种五花八门的理由来引诱你！如果你禁不住诱惑就会上当！
所以，收到这样的信息，最好的方法就是不理睬或删除，还可以打12321举报！
你们看，网上好多这种收到中奖短信被诈骗的案例，前车之鉴啊！
豆豆拿出iPad一边搜索一边向大家展示。
所以，我们要像小章一样，保持警惕，多加防范，不要上当受骗啦。
嗯，天上不会掉馅饼！
超顽皮三人纷纷点头，深受教育。

相关法条

《中华人民共和国刑法》

第十七条　已满十六周岁的人犯罪，应当负刑事责任。

已满十四周岁不满十六周岁的人，犯故意杀人、故意伤害致人重伤或者死亡、强奸、抢劫、贩卖毒品、放火、爆炸、投放危险物质罪的，应当负刑事责任。

已满十二周岁不满十四周岁的人，犯故意杀人、故意伤害罪，致人死亡或者以特别残忍手段致人重伤造成严重残疾，情节恶劣，经最高人民检察院核准追诉的，应当负刑事责任。

对依照前三款规定追究刑事责任的不满十八周岁的人，应当从轻或者减轻处罚。

因不满十六周岁不予刑事处罚的，责令其父母或者其他监护人加以管教；在必要的时候，依法进行专门矫治教育。

第二百八十七条之二　明知他人利用信息网络实施犯罪，为其犯罪提供互联网接入、服务器托管、网络存储、通讯传输等技术支持，或者提供广告推广、支付结算等帮助，情节严重的，处三年以下有期徒刑或者拘役，并处或者单处罚金。

……

《中华人民共和国未成年人保护法》

第一百一十三条　对违法犯罪的未成年人，实行教育、感化、挽救的方针，坚持教育为主、惩罚为辅的原则。

对违法犯罪的未成年人依法处罚后，在升学、就业等方面不得歧视。

第二篇

摇来的"劫难"

周一上午 开心学校初中部
下课铃声响起，同学们三三两两聊起天来。
"微聊"APP的摇一摇玩了吗？
特别有意思！
摇一摇？
兰兰脑海里浮现出自己晃水瓶的样子，很疑惑，好奇地竖起了耳朵。
我玩了！昨晚摇到了一个外地人，他说的话我一句都没有听懂。
后来我又摇到了一个外国人，还是什么也听不懂。
摇到了外国人？什么意思？
你可以设置只摇本地人呀，这样就不会听不懂了。
原来还有这个功能啊，我回去试试。

兰兰，你玩
摇一摇了吗？
别问啦，她用的
不是智能机。
兰兰想到了自己那部老掉牙的手机，很是尴尬。
周一晚上 兰兰家
兰兰一家围坐在一起吃饭。
妈妈，我想换
个智能手机。
我同学都有，
只有我没有。
学生专心学习
就好，要什么
智能手机啊。

可我除了学习，什么都不知道。
在同学面前我就像个原始人。
以后会有的，现在没必要。
怎么没必要呢？
如果你同事每天都在讨论“智米尔纳”，你却一句话也插不进去，你不觉得自己很可怜吗？
什么“智米尔纳？”
你看吧，你不懂，就只能听着，像傻瓜一样，话都插不进去！
行行行，我理解你。
这样吧，这次期中考试，你只要三门主课全优，我就给你买。
耶！谢谢妈妈！
兰兰破涕为笑，兴奋地跳起来狠狠亲了妈妈一口。

兰兰和爸爸一起洗碗。
兰兰，什么是“智米尔纳”？
哈哈~我瞎编的！
兰兰爸笑着轻敲了下兰兰的头。
聪明啊，小鬼！
周六下午 小区空地
兰兰指导孩子们排练情景剧《灰姑娘》。
休息时，美美看到兰兰的新手机。
哇，兰兰姐，你换手机啦，好高级啊！

哈哈，这次考试拿了全优，老妈奖励给我的。
哇！你好幸福啊！
兰兰姐厉害呀！
还好啦，这次运气好。对了，你们玩过“微聊”APP么？
兰兰姐，这个我在行！
太好了，超超，快跟我说说，摇一摇是怎么回事？
咳咳！摇一摇是“微聊”APP的一项随机交友功能。
你只要摇晃手机，就可以匹配到同一时间也在摇晃手机的用户和自己聊天。
啊？这么神奇？有意思！
超超，快教教我怎么用！
在超超的帮助下，兰兰迅速学会了新手机的用法，玩起了摇一摇。

周六晚上 兰兰家
晚上9点
12
1
2
3
4
5
6
7
8
9
10
11
兰兰躺在床上摇手机，玩着摇一摇。
手机聊天记录界面
你好，我是小学二年级的学生，11+8=?
19
谢谢。
我居然在帮小学生做题……
晚上10点
你好，祖传秘方治疗牛皮癣，请问有需要吗？
不需要。
呵呵，卖药的……
晚上11点
你好，我手机马上就要欠费停机了，能借我50元钱充值吗？
不能。
哼，骗钱的……

晚上12点
你好，美女，嫁给我吧？
拉黑！
呸，
变态……
真没意思，
都是些奇奇怪怪的人！
兰兰失望地放下手机，长叹一声。
周一晚上 兰兰家
兰兰又在玩摇一摇。
突然，小蔡的头像弹了出来。
哇，好帅！
你好，我是小蔡，
市一中高二学生。
很高兴认识你。

还是重点学校高中生！
很高兴认识你。我是兰兰，开心学校初三学生。
很高兴认识你。我是兰兰，开心学校初三学生。
看你的头像，很漂亮。
谢谢，你也很帅！
兰兰拿着手机，抑制不住地开心。
我猜你一定是个心思细腻、情感丰富的女孩，而且待人友善，善解人意。
我可没你说的那么好啦！
别谦虚了，我看人很准的。你应该有很多人追吧？
没有啦，我们学校不允许早恋的。
哈哈！我们学校也是呢。交个朋友总行吧。我是你学长，以后有不懂的可以问我。
帅气、聪明、贴心，这不就是小说里的白马王子嘛！

周日上午 电影院门口
入口
电影院
MOVIE
两周后，小蔡约兰兰看电影。
兰兰穿了自己最喜欢的格子裙，偷偷涂了妈妈的口红。
兰兰！
电
小蔡，你来得好早！
口渴了吧，喝奶茶！
谢谢，你好贴心呀！
我帮你拿包吧。
小蔡拿过背包时假装无意碰了一下兰兰的手。
兰兰瞬间羞红了脸。
谢谢！
两个人进入电影院。
电影院
MOVIE

看完电影，两个人走出电影院。
入口
电影院
MOVIE
我们接下来干什么呢？
小蔡假装自己很热，不断地用手扇风。
天太热了，我们找个凉快的地方打会儿游戏吧。
哪里凉快呢？
就这吧！
丽人宾馆
啊？去……去宾馆不太好吧？
放心吧，我们就去打会儿游戏而已。
不等兰兰回答，小蔡便拉起兰兰的手，进了宾馆。

周日中午 宾馆房间
兰兰坐在床沿一角。
小蔡，你平时都玩什么游戏啊？
小蔡没有理会，直接锁门。
兰兰，你真漂亮！
小蔡，你，你，你要干什么？
不要！放开我！救命啊~~
小蔡抱住兰兰不放，兰兰的衣服被扯开。
咔~咔~咔~
小蔡掏出手机，冲着兰兰拍照片。
兰兰大声呼喊，猛地推开小蔡，逃离宾馆。

周日下午 兰兰家
兰兰回家换鞋，妈妈正在打扫卫生。
你不是和同学出去玩了吗？怎么这么早就回来了？
兰兰惶恐不安，迅速冲进自己的房间。
这孩子……
兰兰趴在床上低声啜泣。
叮
兰兰拿过手机，是小蔡发来了一张自己的裸照。
兰兰惊慌不已。
小蔡，你要干什么？

不干什么呀，欣赏美女！
兰兰气得发抖。
你快把照片删了！
这么漂亮，我为什么要删，我不光要自己看，还要发给别人看！
兰兰又气又急。
求求你~不要发给别人！千万不要！
那就要看你的表现了。下周六12点，还是那家宾馆，不见不散！
兰兰放下手机，泪水夺眶而出。

周四晚上 兰兰家
兰兰一家人一起吃饭。
兰兰，你怎么把那条格子裙扔了？那不是你最喜欢的裙子吗？
可是我现在已经不喜欢了。
一条新裙子，说不要就不要了啊，至少还可以送人啊！
兰兰，帮爸爸再盛一碗饭。
兰兰心不在焉地接过碗。
叮！
手机声响起。
叭
兰兰吓得把碗摔碎了。
兰兰正要去捡碎片，兰兰妈赶忙阻止。
小心！别用手捡！孩子爸，快去拿扫帚来。
叮！
手机声再次响起，兰兰惊恐万分。

兰兰妈觉察到了异样，一把拿过兰兰的手机。
妈，别看！
那你告诉我到底怎么回事？
妈，我错了！我好害怕！呜呜呜……
兰兰把事情的来龙去脉告诉了父母。兰兰爸妈非常气愤，当即报警。
第二天，公安机关将小蔡抓获到案。
经调查，小蔡根本不是什么高中生，而是个20岁的无业游民。手机聊天记录中发现他多次搭讪陌生女孩，骗财骗色。
最终，小蔡犯强制猥亵罪，被判处有期徒刑一年八个月。

燕子姐姐，兰兰被欺负了！她在网上认识的“高材生”居然是个大色狼。
我听说了。兰兰遭遇的是猥亵，通俗说就是强行搂抱、抚摸女性身体等下流行为。
本案因为小蔡的行为很恶劣，已经构成强制猥亵罪，所以受到了法律的严惩。
嗯！兰兰也很后悔，网上交友真不靠谱，风险好高啊！
确实。网络功能很强大，它能传递信息，共享资源，大家的学习生活越来越离不开网络。但是网络世界真假难辨，鱼龙混杂，各类不良信息泛滥，网络暴力、性侵、诈骗等也时有发生。

是啊，虚拟世界危机四伏！我们不能做小“网虫”，沉迷网络，也不能像兰兰那样轻信陌生人的花言巧语，上当受骗。
吃一堑，长一智！
兰兰的教训也提醒同学们，网络交友要慎重，大家要增强安全意识，不随意约见网友。
如果想见面，应征得家长的同意并在场陪同,千万不要孤身冒险，落入不法分子精心设下的“圈套”。
嗯，防人之心不可无啊。幸好兰兰这次成功逃脱了，还报了警，不然那个坏蛋肯定还要去祸害他人呢！

说的没错！一旦面临不法分子的胁迫、恐吓，同学们一定要冷静处理，做好自我保护，在确保人身安全的前提下勇敢求助，事后也不要羞于启齿，要及时报告师长、果断报警，不要让罪犯逍遥法外。
嗯，绝不能放纵恶行！维护网络安全，人人有责。
网络是把双刃剑，有利有弊。
同学们一定要合理控制使用时间，防止网络成瘾，荒废学业。家长们也应做好引导和监督，多多关注孩子们的想法和动向，及时发现、排除隐患，趋利避害，真正发挥网络的积极作用。
嗯，燕子姐姐说的我都记下来了，我们都要成为网络安全小卫士！

番外篇

周六 小区空地
兰兰继续辅导孩子们排练《灰姑娘》。
辛德瑞拉，你不可以穿这么漂亮的衣服，给我脱下来！
这是我妈妈留给我的，不能给你！
四眼，你怎么不过来帮忙？你也是灰姑娘的姐姐！
我是男生，怎么可以随便拉女生的衣服呢？
四眼站在原地，羞红了脸。

那怎么办？不拉衣服，还怎么演啊！
妞妞不知如何是好。
可是……扯女孩子的衣服就是不对的啊……
四眼很为难。
四眼说得对！男女有别，我妈妈也说过男生女生不能拉拉扯扯。

没错！
虽然我们是好朋友，但相处时也要保持适当的距离，尤其是男生和女生之间。
说着，兰兰将自己的帽子摘下来递给美美。
这场戏我们可以改成大姐二姐抢夺灰姑娘的帽子，这样不就行了！
真是个好创意！

相关法条

《中华人民共和国刑法》

第十七条 已满十六周岁的人犯罪，应当负刑事责任。

已满十四周岁不满十六周岁的人，犯故意杀人、故意伤害致人重伤或者死亡、强奸、抢劫、贩卖毒品、放火、爆炸、投放危险物质罪的，应当负刑事责任。

已满十二周岁不满十四周岁的人，犯故意杀人、故意伤害罪，致人死亡或者以特别残忍手段致人重伤造成严重残疾，情节恶劣，经最高人民检察院核准追诉的，应当负刑事责任。

对依照前三款规定追究刑事责任的不满十八周岁的人，应当从轻或者减轻处罚。

因不满十六周岁不予刑事处罚的，责令其父母或者其他监护人加以管教；在必要的时候，依法进行专门矫治教育。

第二百三十七条 以暴力、胁迫或者其他方法强制猥亵他人或者侮辱妇女的，处五年以下有期徒刑或者拘役。

聚众或者在公共场所当众犯前款罪的，或者有其他恶劣情节的，处五年以上有期徒刑。

猥亵儿童的，处五年以下有期徒刑；有下列情形之一的，处五年以上有期徒刑：

（一）猥亵儿童多人或者多次的；

（二）聚众猥亵儿童的，或者在公共场所当众猥亵儿童，情节恶劣的；

（三）造成儿童伤害或者其他严重后果的；

（四）猥亵手段恶劣或者有其他恶劣情节的。

《中华人民共和国未成年人保护法》

第一百一十一条 公安机关、人民检察院、人民法院应当与其他有关政府部门、人民团体、社会组织互相配合，对遭受性侵害或者暴力伤害的未成年被害人及其家庭实施必要的心理干预、经济救助、法律援助、转学安置等保护措施。

公安
POLICE

第三篇

小谷卖号记

周六上午 超超家
超超、丸丸、皮皮和小谷在写作业。
终于解放了，
可以玩游戏啦！
小谷姐好快啊！
就是，我也想玩游戏！
小谷！
你到这边玩，免
得打扰他们。

小谷坐到豆豆身旁。
嗯？
只见豆豆正在玩热门游戏《楚留仙》。
豆豆哥，你也玩《楚留仙》啊！你多少级了？
我这个游戏号才21级。
之前的号被我卖了。
为什么卖了？
那个号总是不掉好装备，玩着不爽。

那是你没刷对地图！
悬赏
落霞亭那边经常发布悬赏任务，总是能抽到好装备。
升级可快了！
内行啊！
可惜我那个号已经卖了。
我听说游戏号不好卖呢。你卖了多少钱？
唉，别提了，我一个同学40级的号卖了200块，我那个号35级才给我50块。
差那么多？看来还是得凭运气。
还好啦，玩游戏就是娱乐嘛，不能太计较。如果真的有人出了个高价，那才该小心呢！

豆豆哥，我这个号现在38级。
小谷拿出自己的手机，打开游戏界面。
前两天还打出了一件金色装备。
你看看，能值多少钱？
强化
还好啦。Just so so!
小谷，你游戏玩得挺牛啊！

少凡尔赛啦，你这个号，少说也值500块吧。
这么值钱！
我才练了两个月，这个号就能卖500！要不去碰碰运气？
周六晚上 小谷家卧室
小谷趴在床上，在游戏公屏上发布卖号公告。
努力的小谷：78级游戏号出售，金装1件，欧气十足，500元想要的私聊。

小谷发完公告，把手机放在一旁。
叮！叮！叮！
19:30
果然靠谱！
小谷立即和对方聊了起来。
暴躁萝莉
你好！游戏号还在吗？
暴躁萝莉
100块卖不卖？
努力的小谷
100块太少了，不能卖。
暴躁萝莉
100块还嫌少，想钱想疯了吧？
努力的小谷
可是40级的号都值200块呀。

杀破狼
88卖不卖，卖我现在就付款。
努力的小谷
对不起，88太少了，卖不了。
聊着聊着，小谷的心情由晴转阴，其他人给的价格也都不高，100、50、80元等。
一点儿都不靠谱！
杀破狼
叮！
杀破狼
你好，300块，卖吗？
300块？好像也还行啊。
叮
20:30
6月19日 星期六
楚留仙
1个通知
这时手机又响了。

浦觅秋
高价收购游戏账号！
秋
你好，你的号卖了吗？
努力的小谷
还没有。
浦觅秋
太好了，那卖给我吧，多少钱来着？
努力的小谷
500
浦觅秋
啊，这么爽快？
幸好还没出手！
浦觅秋
500块不是小数目，你不会坑我吧？
努力的小谷
放心，我又不是骗子！
浦觅秋
安全起见，咱们用“弥优游”游戏交易平台交易吧。
努力的
哈哈，看来还是挺靠谱的嘛！

浦觅秋
这个网址，你点一下，填好个人信息，然后挂号出售。
http://miyouyou.pumiqiu.com
努力的小谷
好的。
弥优游
身份证号：
游戏账号：
密　码　：
银行卡号：
小谷在注册界面认真填写了身份证号、游戏账号及密码、银行卡等个人信息。
努力的小谷
我这边填好了。
觅秋
我已经下单了，你联系平台客服就可以提现了。
努力的小谷
好的。
小谷开始盘算这500块该怎么花。
把最新一期《魔法学院》的漫画买了，买两个周边盲盒，送超超一个《绝地武士》的iPad保护壳，再把之前想买的那支钢笔买了，估计还能剩不少。Yeah！好开心啊！

半小时后
钱怎么还没有到账啊？
小谷的兴奋劲逐渐消退。
叮！
21:30
这时，手机“叮”的一声。
客服
尊敬的用户您好，您的银行卡信息录入存在问题，平台已将钱款冻结。
努力的小谷
啊！那怎么办？？？
客服
如果想解冻，请您扫下方二维码，充入被冻结金额的双倍即可。
努力的小谷
就没别的办法了吗？
客服
若想尽快解冻，只能按上述方式操作。
充值成功
1000元

努力的小谷
我充好了，怎么还没解冻？
客服
用户您刚刚没有看清二维码下方的提示，充值的金额没有零头，系统是识别不了的，必须重新充值。
支付
收付款
钱包
¥2.00
金融理财
小谷看着微信钱包里仅剩的2块钱，有些懊恼。
她悄悄来到妈妈卧室，拿走了妈妈的手机。
充值成功
3001元
回到房间，小谷重新扫码，给对方充入3001元。
客服
这回可以了吗？
不好意思，您的操作不正确。
客服
我这次充的钱是有零头的啊，怎么还不对？
对不起，您的理解有误，我们所说的零头，是要求充值款必须带角数。

哎呀，你怎么不早说啊！害我还要再充一次！
充值成功
9002.1元
小谷无奈地拿出妈妈的手机，再度扫码，这回又充进了9002.1元。
努力的小谷
刚充好，这回可以了吗？
客服
客服
对不起，二维码超时了，我发新的二维码给您，您再操作一次。
小谷拿出纸笔赶紧算了起来。
500
+1000
1500
+3001
4501
+9002.1
13503.1
× 2
27006.2
什么？这回要充27000元？
不行啊，还是得充，如果不解冻，之前的钱就统统取不出来了。
充值成功
27006.2 元
小谷一咬牙，再次扫码，充了27006.2元。

努力的小
在吗？在吗？这回可以了吗？
客服
还是不行呢，亲，刚刚平台出了些故障，默认充值失败了，不过现在已经好了，您再充一次试试。
小谷赶忙拿起妈妈的手机。
21:37
6月19日 星期六
您尾号0881的卡于6月19日21：37快捷支付27006.2元，余额2993.8元。
小谷冷汗直冒，颤抖着拿起手机，赶紧联系客服。
努力的小谷
我把我妈妈卡里的钱都花光了，怎么办？我怎么把之前的钱取出来啊？
努力的小谷
喂，你说话啊？
努力的小谷
你怎么不说话，你不会是骗子吧？！
客服始终没有回复，小谷的心不断下沉，只能登录游戏去找浦觅秋。
弥优游
身份证号：
努力的小谷
你给我的那个平台是什么情况啊？
小谷发现自己被拉黑，顿时傻了眼，“哇”的一声哭了起来。

害怕的小谷赶紧找妈妈，道出事情原委，小谷妈妈气愤地报了警。
一个月后　派出所
公安
POLICE
由王某等五人组成的网络诈骗团伙被警方抓获。
我们一伙五个人，其中两个人每天混迹在各个热门游戏里，看到有人卖号就去搭讪并给出高价，然后引导卖家到“弥优游”游戏交易平台上交易。但是这个“弥优游”其实是我们做的假网站，用来收取卖家所充的钱款，所谓客服也是我们的人扮演的。
一般就是告诉卖家钱已经打到平台了。但是“提现要交手续费”或者是“账号冻结，需要充值解冻”，从而诱骗卖家不停地向平台账户充值。
审判员
最后，法院以诈骗罪判处五名被告人有期徒刑一年至四年不等的刑期并处罚金。

燕子姐姐开“心”一刻

燕子姐姐，你知道吗？小谷这次卖游戏账号想赚外快，结果遇上骗子了！
现在的网络诈骗真的是花样百出，红包返利、兼职刷单、游戏充值、网络贷款,处处暗藏陷阱。
小谷这次遇到的骗子就是通过一个虚构的电子支付平台，诱使她一次次转账充值，把钱转进了自己的腰包，小谷损失惨重！
好可怕！
唉，惹不起，我还躲不起？不上网不就万事大吉了嘛？
哈哈，话是没错，但现在我们的生活好像已经越来越离不开网络，买东西、查资料、上网课……所以，也不用因噎废食。

归根结底，我们还是要不断增强自己的防范意识和辨别能力，面对良莠不齐的网络信息要多长个心眼，无论骗子的手法多么“高明”，都不为所动。特别是对“高价”“低价”“免费”等高危信号提高警惕，切勿被一时小利冲昏头脑。
没错，只要跟钱有关，都要小心小心再小心。互联网支付一定要选择正规平台，不要随意点开他人提供的链接进行转账交易。
说得很好！家长们也要经常给自己的孩子进行反诈教育，加强财物管理，不能随意泄露支付信息，小额免密支付等功能更要慎用，从源头上减少孩子被骗的风险。
我们自己也要提高安全意识，如果发现上当了应该及时告诉父母，迅速报警，挽回损失。
补充得很好！安全上网，从我做起！

番外篇

周六下午 超超家
超超、丸丸、皮皮、小谷在写作业。
XX:XX
终于写完了，可以玩游戏啦！
最近这个《梦尔庄园》特别火，你们玩了吗？
我玩了，特别好玩！让我看看你的小屋。

我的小屋还有点粗糙，主要是豆豆币好贵啊，搞活动6元才能买60个。
是啊，我特别想买的家具要1000多个金豆，根本买不起。
超低价充值金豆，20元2000个。有意者私聊。

快看！20元2000个金豆呢，我问问能不能买！
这个不要信哦，低价充值游戏币很可能是骗子引人上钩的诱饵！
"天下没有免费的午餐"，这种超低价，一定要小心啊！
有道理哦，小谷姐说的对，要小心！
游戏嘛，没必要投入太多，而且最好还是少玩为妙。
好！
那我也不打游戏啦。等大家都做完作业，咱们一起出去打羽毛球吧！

相关法条

《中华人民共和国刑法》

第二百六十六条　诈骗公私财物，数额较大的，处三年以下有期徒刑、拘役或者管制，并处或者单处罚金；数额巨大或者有其他严重情节的，处三年以上十年以下有期徒刑，并处罚金；数额特别巨大或者有其他特别严重情节的，处十年以上有期徒刑或者无期徒刑，并处罚金或者没收财产。本法另有规定的，依照规定。

《中华人民共和国未成年人保护法》

第六十四条　国家、社会、学校和家庭应当加强未成年人网络素养宣传教育，培养和提高未成年人的网络素养，增强未成年人科学、文明、安全、合理使用网络的意识和能力，保障未成年人在网络空间的合法权益。

《中华人民共和国预防未成年人犯罪法》

第二十八条　本法所称不良行为，是指未成年人实施的不利于其健康成长的下列行为：

（一）吸烟、饮酒；

（二）多次旷课、逃学；

（三）无故夜不归宿、离家出走；

（四）沉迷网络；

（五）与社会上具有不良习性的人交往，组织或者参加实施不良行为的团伙；

（六）进入法律法规规定未成年人不宜进入的场所；

（七）参与赌博、变相赌博，或者参加封建迷信、邪教等活动；

（八）阅览、观看或者收听宣扬淫秽、色情、暴力、恐怖、极端等内容的读物、音像制品或者网络信息等；

（九）其他不利于未成年人身心健康成长的不良行为。

第八篇：破碎的减肥梦

周五中午 开心学校高中部
学校高中部
午餐后，小云、小朵在校园里散步。
宣传栏
拉拉队
火热招募中
看！拉拉队招新了，听说篮球队里好多帅哥呢！嘿嘿嘿~我们一起去报名吧！
我好想去呀！要不我们一起吧？
你就知道看帅哥，哼！看看圆圆的我，呜呜，他们……肯定不会要我的。
哎呀，去嘛去嘛！你舞跳得那么好，不去多可惜！
可是……

小云脑海中浮现出拉拉队队员们苗条的身姿，又回想起自己减肥路上的种种艰辛。
虽然成为拉拉队员是自己一直以来的梦想，但当机会真正来临时，小云还是退缩了。
我空有一颗减肥的心，偏偏生了一条吃货的命，还是算了吧！
怎么会呢？你在舞台上的时候简直就像个女王，迷死人了！
而且你不去的话，我也不想去了！
小朵的鼓励和央求让小云又重新燃起了希望。
好吧，那我报名！不过.....我要吃顿大餐再开始减肥计划！
我太爱你啦！走走走，我们一起去吃！

周五晚上 小云房间
66KG
减肥难，减肥难，难就难在我这张停不下来的嘴和迈不开的腿。
小云站在体重秤上，看着秤上显示的66KG，心情沉重。
还是去网上看看别人的经验吧！
如何快速减肥
1快速
如何快速减肥
网页
资讯
视频
图片
知道
文库
您找到相关结果约100,000,000个
具有强领域专业性，就诊用药需谨慎。
唉，这些我都试过，一点用都没有。
减肥兴趣小组的贴吧
不节食！
不反弹！
月减二十斤！
减肥前
减肥后

天呐！这简直就像整了个容啊！
手机号注册
邮箱注册
手机邮箱
密码
验证码
小云随即在贴吧注册了个人账号，加入减肥兴趣小组。
周三晚上 小云房间
1、2、3、4
2、2、3、4
3、2、3、4
……
小云在做燃脂运动，又是开合跳，又是高抬腿，累得大汗淋漓。
运动完，小云迫不及待地上传帖子。
158CM，130斤，
打卡第4天，减重2斤，
继续加油！
叮~
消息
小丽向你发来一条消息
查看详情
帖子刚发出去，陌生网友小丽就发来了一条私信。
小丽
小姐姐你好！我最近也想减肥，但是一直没下定决心，看了你的帖子，被你激励到了，向你学习！
小云露出笑容。

小云
谢谢你的鼓励，我也才刚开始。你多高多重啊？
小丽
我160CM，136斤。
小云
那我们半斤八两，一起加油！
小丽
小姐姐，那我们就做减肥伙伴吧，这样减肥还更有动力。
小云
可以呀，我叫小云，今年高一。
小丽
太巧了，我也高一，我叫小丽。
交到了新朋友，真好！
周四中午 拉拉队招新展位
招新
拉
篮球拉拉队的招新展位前围着一群同学，大家纷纷在填写报名表。
我努努力，应该能进吧！
小云悄悄地交上自己填完的报名表。
不远处，几个瘦瘦的女孩子正聚在一起讨论。
小石，你参加吗？
不行，我太胖了！
你还胖！你多少斤啊？

我有108斤呢！而且我听说，拉拉队的学姐们基本都不到100斤。所以我还是不要去丢人现眼了吧。
你已经很瘦了好嘛！你知道吗？我刚刚看见隔壁班的胖妞小云都在报名，这是拉拉队，又不是举重队，她凑什么热闹？
真的吗？她哪来的勇气？拉拉队这么好进啊？
小云听到了同学们的议论，鼻子一酸，飞快地跑开。
小丽
设置
小云
小云拍了报名表的照片发给小丽。
小云
同学们说拉拉队的学姐都不到100斤！要么我还是放弃吧，减肥太难了。
小丽
小丽
支棱起来呀！我们一起偷偷瘦下来，然后惊艳所有人！
小丽
要不我们从今天起每天互发体重照片，相互监督，一起做减肥路上最努力的崽！
小云
好！
小云
加油

半个月后 小云房间
63KG
小云站在体重秤上，看着秤上显示的63KG，皱着眉把照片发给了小丽。
小丽 设置
63KG
小云
小丽
62KG
才半个月，你就瘦12斤了！！！我才4斤
小云
小丽
你已经很厉害了，偷偷告诉你一个秘密，我找了个私教。
小云
私教？不是很贵吗？
小丽
是这样的，我有个表姐就是健身教练。她听说我最近在减肥，就给我传授了秘诀。
小云
哇！还有秘诀？
小丽
她超级专业的，好多明星都找她做量身减肥计划呢！就是有点贵，但是她指导后效果都非常好。
量身定制减肥计划？听上去就很厉害！

小云
哇，表姐是私教，真羡慕你！可我只能靠自己
小云开心地转圈，心想“小丽真给力！”
小丽
不要气馁嘛！我去问问我表姐，看看她能不能也免费帮帮你。
小云
真的嘛？啊啊啊你真是我的好朋友！
新消息
小云
太棒了！谢谢你！
小丽
好消息好消息，我表姐同意了！
小丽
我表姐说得先看看你的体型状况，要不你先拍几张全身裸体的照片过来，她可以帮你制定专业具体的减肥计划。
小云有些迟疑。

小云
裸照？不好吧……
小丽
没事，我之前也发过。定制计划肯定要看看你的身体情况，放心吧，绝对不会泄露！
小云
那好吧
小云
小云
小云
小云随即发了三张裸照过去。
小丽
设置
小云
小云
小云
半小时过去了，小丽迟迟没有回复。
小丽
设置
小丽,怎么样？你表姐有什么回复了吗？
小云
分词
ABC
DEF
JKL
小丽
设置
小丽
哈哈哈哈，果然是个傻姑娘啊！
小云
丽
实话告诉你吧，我根本就不是什么高中生！现在你最好听我的，不然我就把这些照片发网上！

小丽
设置
小云
不要啊！千万不要啊！！！你要干嘛？
小云瞬间慌了神。
设置
小丽
小丽
你这么漂亮，陪我裸聊吧！
小云
你不是女孩子吗？
小丽
废话这么多，快点脱掉衣服跟我视频！不然我就把照片发出去！
惊慌失措的小云没办法,答应了假扮“小丽”的男子曾某的要求。

周四下午 开心学校门口
开心学校
我发现了一家超好吃的关东煮，一起去吃吧！
放学后，小朵找到小云。
小云心不在焉地点了点头。
叮！
消息
小丽
设置
小丽
宝贝，想你了，今晚继续聊哦！
小云赶忙背过身去。
设置
小云
今晚不方便，我要和同学出去。

小丽
你想清楚啊，同学重要还是我重要？
小丽
设置
小丽
小丽
“小丽”马上发来一张小云的裸照。
小云吓得赶紧把手机捂在胸前。
小云，你怎么了？
没什么，今天突然有点事，不能和你一起去了。
那下次一起去吧！

周四晚上 小云房间
小云和曾某裸聊。
碎！
小云忽然听到开家门的声音。
我妈回来了！
啪！
小云慌慌张张地合上笔记本电脑。
叮！

小丽
今天就先放过你，周末咱们见个面。
小丽
莎莎酒店
小云吓出一身冷汗。
小云
周末我要写作业。
小丽
叫你来你就来，不要不识抬举。
小云越想越怕，终于鼓起勇气把这段时间的遭遇告诉了妈妈。
小云的妈妈怒不可遏，直接报警。
最终，法院以强制猥亵罪判处曾某有期徒刑一年九个月。

燕子姐姐开“心”一刻

燕子姐姐，最近我打算做预防未成年人性侵害的专题报道，搜资料时发现竟然还有网络猥亵！这是怎么回事啊？
猥亵行为不仅包括传统的肉体直接接触，也包括通过网络“隔空”胁迫、诱骗女孩拍摄不雅照片或视频、做淫秽下流动作。
这一类新型猥亵行为同样严重侵害女孩的人格尊严和心理健康，危害性也很大。
没想到变态色狼还能通过互联网兴风作浪！
是的，他们往往打着网络交友、招募童星等幌子接近女孩，骗得信任，进而实施犯罪行为。

哦，我刚刚看到新闻里说，一名男性伪装潜入贴吧，搭讪减肥心切的女孩，以介绍所谓的“专业教练”为名让女孩们拍裸照，陪裸聊。减肥的代价有点大！
对啊，女孩子要自尊自爱，要特别保护好自己的隐私部位，不要随意暴露给他人。而且盲目减肥也不可取，健康才是最重要的，千万不要病急乱投医！
嗯！网上信息不能全信，奇怪链接不要乱点，陌生网友更不能乱加。
总结得很好！未成年人的心智发育不成熟，涉世不深，容易误听误信。作为家长，也要加强对未成年人上网的监管，多多关注他们网上交友、聊天的动态，以免遭受网络侵害。
燕子姐姐的分析真全面！我这就回去给小伙伴们敲响警钟！

番外篇

周末 开心学校体育馆
体育馆

今天是学校篮球总决赛，也是小云、小朵入选拉拉队后的首秀。

篮球总决赛
篮球总决赛
体育馆里人头攒动，座无虚席。“超顽皮”和豆豆来给小云加油捧场。

快看，小云姐在那儿！
小云的舞蹈活力四射，赢得一片喝彩。
来了这么多小朋友呀！
谢谢大家来给我捧场！
小云姐，你今天好漂亮啊！
你是最胖的，
也是最棒的！

别瞎说，我姐才不胖！
没关系啦！
身高体重从来就不是进拉拉队的绊脚石，胖瘦也不能作为衡量人美丑的标准，大家都保持健康就好。
小云说得对，不是越瘦越漂亮，我觉得女孩子自信微笑的时候会散发光芒！
我们一起合影吧！

相关法条

《中华人民共和国刑法》

第二百三十七条 以暴力、胁迫或者其他方法强制猥亵他人或者侮辱妇女的，处五年以下有期徒刑或者拘役。

聚众或者在公共场所当众犯前款罪的，或者有其他恶劣情节的，处五年以上有期徒刑。

猥亵儿童的，处五年以下有期徒刑；有下列情形之一的，处五年以上有期徒刑：

（一）猥亵儿童多人或者多次的；

（二）聚众猥亵儿童的，或者在公共场所当众猥亵儿童，情节恶劣的；

（三）造成儿童伤害或者其他严重后果的；

（四）猥亵手段恶劣或者有其他恶劣情节的。

《中华人民共和国未成年人保护法》

第二十条 未成年人的父母或者其他监护人发现未成年人身心健康受到侵害、疑似受到侵害或者其他合法权益受到侵犯的，应当及时了解情况并采取保护措施；情况严重的，应当立即向公安、民政、教育等部门报告。

第一百一十一条 公安机关、人民检察院、人民法院应当与其他有关政府部门、人民团体、社会组织互相配合，对遭受性侵害或者暴力伤害的未成年被害人及其家庭实施必要的心理干预、经济救助、法律援助、转学安置等保护措施。

上手快，
收益丰厚，

第五篇 红包的罪恶

周四放学 学校门口
开心学校
终于放学啦！
小哈、小杰、小柳和豆豆肩并肩走在一起。
饿死我了！走走走，去吃麻辣烫，我知道有家店特别好吃，去晚了就没位子了！
今天作业有点多，要不你们去吧。
作业晚点再写嘛！古人都说了，大漠孤烟直，干饭不能迟！今儿这顿我请了！
柳总豪气！
这句诗用在这里怎么这么奇怪……
那好吧，不过这次咱们说好AA啊！你们总请我吃东西，我都有点不好意思了。
小CASE啦！

周四傍晚 回家路上
我的零钱
¥ 36.00
充值
麻辣烫也太贵了吧！几片肉几根菜叶子竟然要15块钱，哎，离月底还有几天，看来要吃土了。
嘟
小哈犹豫再三，拨通了爸爸的电话。
什么事啊，儿子？
爸，我……我……你能不能……再给我转点钱，我没钱了……
怎么又要钱？一天天就知道乱花钱！
爸，我没乱花！买书花了20，吃饭40……
还说没乱花！爸爸每天伙食费只要5块钱，你吃什么吃了40？

我……
通话结束
行了，不说了，你自己好好想想，钱下周再给你转！
小哈闷闷不乐地回了家。
周四晚上 小哈家
小哈坐在电脑前，在网上搜索“学生兼职”。
学生兼职
学生兼职，上手快，工作轻松，收益丰厚，详情请添加微信咨询。
招聘兼职
金牌猎头
设置备注和标签
个性签名
朋友圈
添加到通讯录
金牌猎头
我通过了你的朋友验证请求，现在我们可以聊天了
小哈
请问你这里有什么适合学生兼职的吗？
金牌猎头
有份工作特别适合学生，就是扫码进群帮忙抢红包，然后把抢到的红包发给我，我会按比例给你提成。

SO EASY!
小哈
是不是需要交培训费？
金牌猎头
放心吧，我们是正规招聘，不会让你掏钱的。
小哈
那行，我试试吧！
金牌猎头
你扫码进群，不管抢到多少红包最后统一转给我，提成丰厚。
小哈
好的，谢谢。😊😊😊
金牌猎头
金牌猎头
红包群
小哈加入群聊
小哈扫码进群，群里除了金牌猎头小哈都不认识。
红包群
想你的夜
恭喜发财，大吉大利
XXX领取了你的红包
XXX领取了你的红包
XXX领取了你的红包
小哈领取了你的红包
这时“想你的夜”发了个200元红包，小哈手气最佳。
看来这个红包大大的呀！
恭喜发财，大吉大利
72.00元
已存入零钱，可直接提现>
手气最佳
想你的夜
恭喜发财，大吉大利
想你的夜
恭喜发财，大吉大利
想你的夜
恭喜发财，大吉大利
我不会是进了什么土豪福利群吧，这么几分钟就发了2000块！
金牌猎头
红包发完了，你抢了多少？
小哈
大概500多元。
金牌猎头
好，我把你从这个群里踢出来，你现在进一个新的群继续抢。今晚抢完了一起给我就行。
小哈
好的。额……那你怎么不抢呢？
金牌猎头
这你就不用管了。

红包群（200）
抢到了抢到了
随后小哈进入新群继续抢红包。
凌晨2点
咔哒
咔哒
小哈
今天一共抢了3206.6元，我转给你。
小哈
¥3206.6
金牌猎头
小伙子，不错啊，以后有活我还找你。
金牌猎头
恭喜发财，大吉大利
微信红包
金牌猎头的红包
200.00元
哇！发财了发财了发财了！一晚上200，一个月就是6000，一年就是……
周六上午 炸鸡店
¥25.0
今天我请客，大家随便点！
不用不用，我们……
麻辣、梅子、孜然、原味各一份，一共多少钱？
67块。
以前你们总是请我吃东西，我可也得礼尚往来呀！
微信到账67元。

周日下午 篮球场
哇！小哈，你脚上这双球鞋是上周刚出的新品吧！好酷啊！
小哈最近请客，又买新鞋，看来是发财了！
真的耶！待会儿给我试试吧，求你了！
其实……我最近找到了一个兼职。
快说说！什么兼职？我也做！
可简单了！你们都会抢红包吧，这个兼职就是专门帮抢红包，拿好处费，一晚上能赚好几百呢！
这么简单？！
就这也能赚钱？不是骗子吧？
肯定不是！你看我都赚了这么多啦！
为什么要雇人抢红包？这里面是不是有什么问题？

我……我也不知道，应该没问题吧。
我听说有人会用发红包转移赃款，你可别中招了！
放心吧，豆豆，这些钱都是他们自愿发的，我只是帮忙抢抢红包，肯定没事。
可是……
别可是了！
小哈，我们也想加入！
好好，我今晚就联系，等我好消息！
YEAH!
耶~
豆豆看着雀跃的三个人，无奈地摇了摇头。
当天晚上，在小哈的介绍下，小柳、小杰也加入了金牌猎头的“抢红包大军”。

一周后 小哈家
01:58
为钱而战（3）
小柳
我昨天抢了4000多，赚了260块！
我抢了4500左右，赚了290块，游戏手办！我来了！
小杰
果然是好兄弟，我也想买那个！
小柳
好困啊，今天怎么还不发任务啊？
小哈
坚持坚持，熬最深的夜，赚最多的钱！
两个月后 高中部教室
豆豆看着小哈、小柳、小杰的空座位，心里有一种不祥的预感。
你今天有看到小哈、小柳、小杰吗？

你还不知道吗？听说他们三个昨天被抓了。
什么？一定是抢红包惹的祸。
如果当时多问几句，拦住他们就好了！
时间倒回昨天 派出所
抢红包也犯法吗？
你们的行为已经涉嫌犯罪！
你们应当觉察到抢的红包与一般的红包有本质区别，告诉你们，那些进群发红包的人其实都是被境外犯罪团伙敲诈的被害人。
警察介绍被害人经历。

有一天，我出于好奇
下载了一个交友APP。
性感美女
在线陪聊
取消
确定
我按提示
注册了账号。
在线陪聊
取消
确定
允许访问设备信息
允许访问通讯录好友
允许访问照片，视频
居然真的有个美女陪我裸聊，我以为自己走了狗屎运！可谁知这是个圈套！
不一会儿，软件客服发来消息，居然是我的裸照……
客服

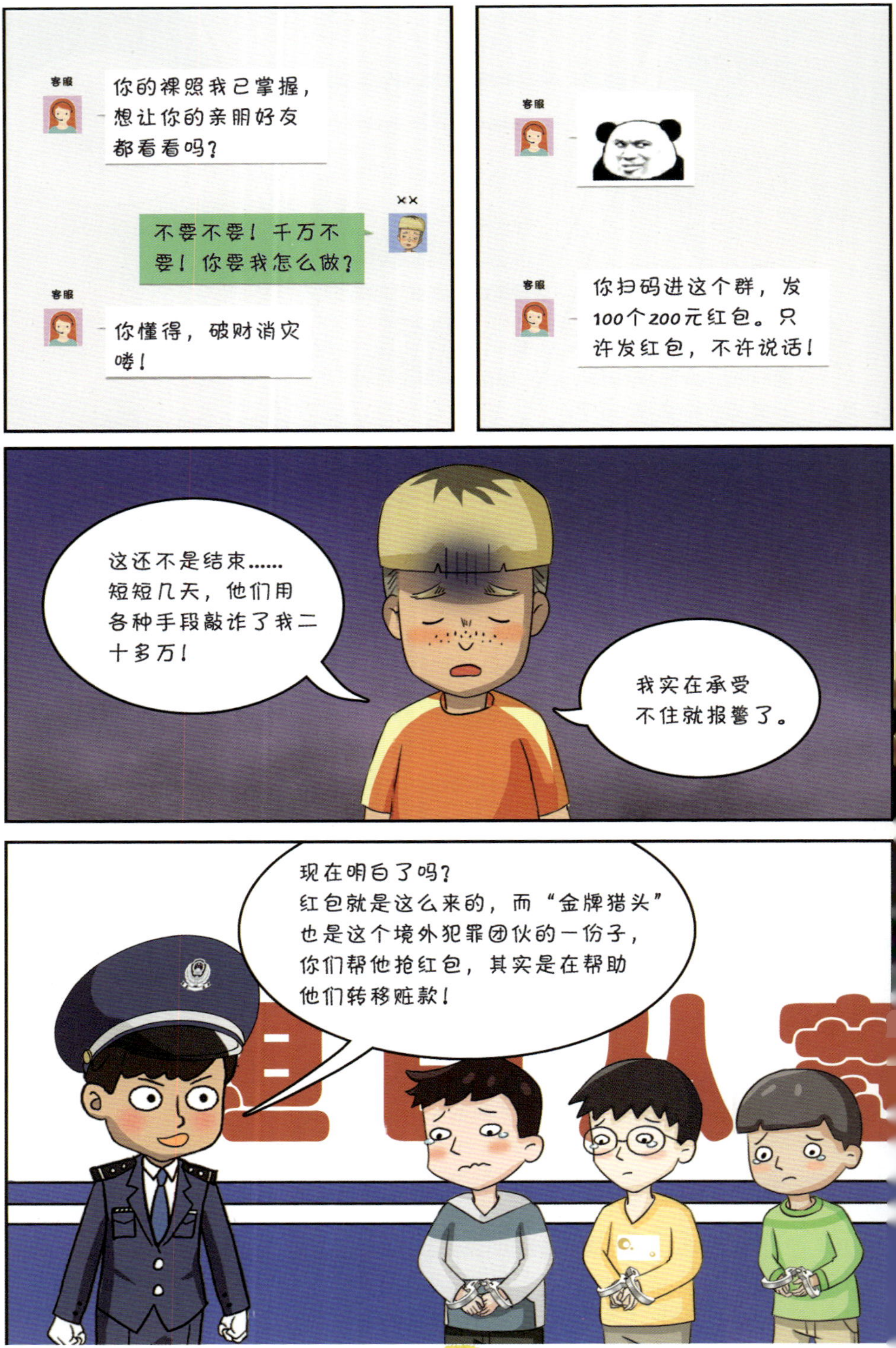
客服
你的裸照我已掌握，想让你的亲朋好友都看看吗？
××
不要不要！千万不要！你要我怎么做？
客服
你懂得，破财消灾喽！
客服
客服
你扫码进这个群，发100个200元红包。只许发红包，不许说话！
这还不是结束……短短几天，他们用各种手段敲诈了我二十多万！
我实在承受不住就报警了。
现在明白了吗？
红包就是这么来的，而“金牌猎头”也是这个境外犯罪团伙的一份子，你们帮他抢红包，其实是在帮助他们转移赃款！

经侦查，小哈、小柳、小杰三人通过微信帮助境外犯罪团伙转移敲诈所得的赃款12万元。事后他们在家属的帮助下退赔了所有的违法所得。

法院考虑到三人是未成年学生，最终判决：小哈、小柳、小杰犯掩饰、隐瞒犯罪所得罪，判处有期徒刑一年，缓刑一年，并处罚金。

燕子姐姐开“心”一刻

燕子姐姐，小哈、小柳、小杰抢红包抢出事情来了！不就是抢个红包吗？怎么就犯罪了呢？
这可不是普通的红包！犯罪分子以美女裸聊为诱饵，非法获取被害人的通讯录，以发送裸聊视频相要挟，逼迫被害人发红包以获取钱财。
这红包其实就是敲诈勒索来的赃款。

小哈他们又没去参加敲诈勒索，为什么也犯罪了？
小哈他们三个明知钱来路不正，交易方式也很反常，但仍通过抢红包的方式帮助所谓的“老板”转钱，而且次数多、数额大，构成了掩饰、隐瞒犯罪所得罪。

我之前从没听过这个罪名，听上去好长好复杂啊！
这个行为就是明知是犯罪所得及其产生的收益而予以窝藏、转移、收购、代为销售或者以其他方法掩饰、隐瞒的行为。
哦，我懂了！这是在把赃款“洗白”啊！
聪明！小哈想自食其力是好事，但他一心只想赚快钱，不加分辨，就容易落入圈套，暴露出他的法律意识不足，价值观念也有偏差。
没错，原以为是“天降横财”，结果变成“飞来横祸”！

所以，同学们要时刻把一分耕耘一分收获记在心间！网络世界本就复杂，别说是未成年学生，就算是成年人也很难判断。
同学们还是要把主要精力用在真实的生活和学业上，控制好网上“冲浪”的时间和范围。
网络世界纷繁复杂，我们要树立正确的人生观和价值观，增强法律意识和鉴别能力，避免上当受骗，落入犯罪陷阱。
谢谢燕子姐姐！我记住了！

番外篇

周日上午 豆豆爷爷家的果园
谷丰登
家和万事兴
六月来了，杏子熟了，豆豆带着小伙伴们到爷爷家的果园帮忙。

豆豆和小哈拿竹竿打着树上的杏子，“超顽皮”在地上拣杏子。

啊！
哈哈哈哈哈……
一颗杏子刚好砸在丸丸头上，超超和皮皮笑得前仰后合。

哈哈哈哈哈……
啊~啊~
啊~啊~
又有几颗杏子掉下来，砸中超超和皮皮，丸丸也哈哈大笑起来。

大家辛苦啦！我先把这筐杏子给爷爷送去。
五谷丰登
仓库里，爷爷奶奶正在忙碌地分拣果子。
今年的果园真是大丰收啊！
幸好你们来帮忙，让我轻松了不少！我也要跟上时代，给你们发个红包奖励一下！
太好啦！谢谢爷爷！
开心果园（6）
种豆得豆
种豆得豆加入群聊
豆豆随即把爷爷拉进了小伙伴群。

果园里，“超顽皮”和小哈在树下休息。
快抢！
群里发红包啦！
大家一听，赶紧拿出手机抢红包。
等一下！你们认识这个发红包的人吗？他为什么发红包？你们先别抢呀！

开心果园（6）
种豆得豆加入群聊
种豆得豆
恭喜发财，大吉大利
豆豆
爷爷说为了奖励大家今天辛苦劳作，发个慰劳红包，快抢啊！
原来是这样啊！虚惊一场。
大家纷纷抢红包。
小哈哥哥的法律意识真强！我们三个可要向你学习！
吃一堑长一智嘛！

相关法条

《中华人民共和国刑法》

第十七条　已满十六周岁的人犯罪，应当负刑事责任。

已满十四周岁不满十六周岁的人，犯故意杀人、故意伤害致人重伤或者死亡、强奸、抢劫、贩卖毒品、放火、爆炸、投放危险物质罪的，应当负刑事责任。

已满十二周岁不满十四周岁的人，犯故意杀人、故意伤害罪，致人死亡或者以特别残忍手段致人重伤造成严重残疾，情节恶劣，经最高人民检察院核准追诉的，应当负刑事责任。

对依照前三款规定追究刑事责任的不满十八周岁的人，应当从轻或者减轻处罚。

因不满十六周岁不予刑事处罚的，责令其父母或者其他监护人加以管教；在必要的时候，依法进行专门矫治教育。

第三百一十二条　明知是犯罪所得及其产生的收益而予以窝藏、转移、收购、代为销售或者以其他方法掩饰、隐瞒的，处三年以下有期徒刑、拘役或者管制，并处或者单处罚金；情节严重的，处三年以上七年以下有期徒刑，并处罚金。

……

《中华人民共和国未成年人保护法》

第一百一十三条　对违法犯罪的未成年人，实行教育、感化、挽救的方针，坚持教育为主、惩罚为辅的原则。

对违法犯罪的未成年人依法处罚后，在升学、就业等方面不得歧视。

第六篇

失联的口罩

寒假 小晋家
哒~
哒~
哒~
春节来临，小晋认真地为学校美术社做宣传海报。
好像差了点，装几个新笔刷吧。
小晋端详着海报上的“新年快乐”几个字，喃喃自语。
炫酷毛笔笔刷
是否安装？
安装
PS版本过低，
无法安装笔刷！
小晋皱了皱眉，继续更新PS软件，系统弹出窗口。
是否更新PS软件？
确定
取消
系统版本过低，无法安装PS。

小晋生气地将鼠标甩到一边。
破电脑，
什么都做不了！
中午 小晋家
小晋和爸爸妈妈一起吃饭。
儿子，这次期末考试你的成绩都快吊车尾了，过年你也不要太放松啊！
听说某地出现疫情了，你也别乱跑了，在家自学吧！

成绩成绩，就知道成绩！成绩又不能代表一切！
我的理想是成为一名优秀的设计师，我已经靠设计赚了不少零花钱！
三百六十行，行行出状元！设计学好了，我也能出人头地！
当设计师也要有文化！
当年爸妈家里穷，没条件上大学，现在条件好了，你一定要珍惜机会，争取考个好大学！
文凭是块敲门砖，没有文凭一切都是空谈！
行行行，我学！不过……能不能先把家里的电脑换了，太旧了，天天死机！
影响学习了吗？我用着还行啊！
查查资料当然可以，但我不是还要搞搞设计嘛！
设计？不就是做几张破海报嘛，浪费时间，浪费精力！对你的学习能有什么帮助？

算了！不换就不换！
砰！
小晋回到自己的房间，用力摔门。
你看你儿子，成绩不好，脾气倒挺大！
春节期间 小宏家
疫情这么严重，要不要提醒小伙伴？
新型冠状病毒肺炎防控
口罩告急！一线防护物资严重短缺！
某地疫情严重

麻瓜书屋(150)
小宏
最近疫情严重，大家尽量待在家中，不要出门。
豆豆
群主说得对，尽量在家待着！不给国家添麻烦！
巴比塔
对对对，少出门，多居家，网络拜年乐大家！
小宏在“麻瓜书屋”QQ群和大家讨论疫情
看来大家防疫意识都很强嘛！
骄傲小鱼
骄傲小鱼
这么深的口罩印，医护人员真的太伟大了！
豆豆
是啊，外卖小哥、滴滴司机、超市老板，好多平凡中的逆行者！我们也应该行动起来，贡献自己的一份力量！
零食露露
听说现在最缺防护服和口罩！
青山绿水
我想捐一些口罩给医护人员，但以我的力量可能也是杯水车薪。
骄傲小鱼
是啊，我也想捐，只是能力有限。
李白醉酒
唉，个人的力量看来还是太渺小了！
小宏看着群聊，若有所思。

有办法了！
众人拾柴火焰高！
小宏猛地拍了一下自己的头，茅塞顿开。
小宏
人多力量大！要不大家一起捐款，买口罩助力某地？
豆豆
双手赞成！
李白醉酒
同意！
同意！
同意！
同意！
群公告
小宏
奉献爱心、抗击疫情
为支援某地，本群特发起线上募捐活动，
善款将用于购买口罩捐赠给疫区医护工作者。
活动截至周三晚八点，
希望大家踊跃献爱心！
小宏随即发布群公告。
善款
¥35000.00
短短三天时间，群内共筹集到善款3.5万元。
小宏
2020年××月××日
奉献爱心、抗击疫情为支援某地医护人员。
急求7000个口罩，期待您的联系。
联系电话：138××××××××
浏览1000+次
小宏随即在QQ空间发布了急求口罩驰援某地的说说。

春节期间 小晋家
小晋又在房间设计宣传海报，突然电脑蓝屏。
什么破电脑，又死机！
这时，手机“叮”的一声，晋的同学发来消息。
叮~
同学
同学
晋大设计师，能抽空帮我们小区设计三张到五张抗疫海报吗？
小晋
当然可以！
同学
后天下午交稿行吗？时间紧任务重，酬劳也不多，35元一张！
为了抗疫，义不容辞！
小晋看着破旧的电脑，一筹莫展。

为了完成任务，小晋再次央求妈妈。
妈妈，我要帮同学设计公益海报，但咱家电脑太卡了，还是换一个吧？
不行！
主次要分清！你先把成绩搞好再说！
小晋又委屈又难过，暗下决心。
求人不如求己，我自己想办法！
小晋把自己锁在房间里，快马加鞭赶设计稿到凌晨。
第二天早上
小晋，吃早饭了！
不吃！不要管我！
连夜赶稿的小晋疲惫地瘫在床上，拿出手机，翻看着QQ动态。

小宏
为支援某地，求购7000个口罩，有资源者请私聊。
哇！7000个！这可需要巨款啊，都够我买好几台顶配电脑了！看来大家为了抗疫不遗余力啊！
小晋继续翻看着QQ动态。
又一条动态吸引了小晋的目光。
好友动态
口罩厂家
本厂生产正规医用口罩，有意者私聊，24小时在线。
浏览1000+次
一个求购口罩，一个生产口罩，要是我做中间商，赚个差价，那新电脑不就有着落了！
再也不用看爸爸妈妈脸色了！
小晋两眼放光，猛地坐起来，大脑飞速运转。
小晋迅速与小宏联系。
小宏
小晋
你好，我有口罩资源。
小宏
有KN95口罩吗？
小晋
有的，具体价格我稍后告诉你。
小宏
好的！

口罩厂家
小晋
有KN95口罩吗？
口罩厂家
有的，但现货资源紧张，20元一个。
小宏
小晋
资源紧张，25元一个，要吗？
小宏
啊？这么贵！市场价才5元！发国难财啊？我再找找别家吧！
小晋又联系小宏。
唉！多好的机会！
一笔大财就这样飞了！
小晋瞅了瞅那台破电脑，伤感着电脑梦再一次破碎。
小宏
为支援某地，求购7000口罩，有资源者请私聊。

周四晚上 小宏家
晋实医疗器械
备注：
本厂生产正规口罩
放弃
加为好友
小宏坐在电脑前，QQ弹出了好友添加请求,小宏一看大为惊喜，立即接受请求并聊起天来。
晋实医疗器械
小宏
您好，有KN95口罩吗？
晋实医疗器械
有的！我们公司有营业执照和生产许可证，能提供充足的口罩资源。
晋实医疗器械
晋实医疗器械
单价5元，您需要多少？
小宏
那真太好了！我要7000个！
晋实医疗器械
这么多啊！但我们这批次仅剩1万的量了，目前好几个客户都说要。
晋实医疗器械
好吧，看在您善心的份上，要么先预付全款，我把货留给您。
小宏
大吃一惊
小宏
付全款？
确保能正常发货吧？
晋实医疗器械
您放心，付款后当天发货！
好好好，
那行吧。
小宏想想这两天屡屡碰壁的求购经历，禁不住诱惑。
转账成功
¥35000.00
小宏随后通过银行转账转去货款3.5万元。

周五上午 小宏家
小宏
您好，口罩发货了吗？
晋实医疗器械
妥妥的！
晋实医疗器械
快递单号图
晋实医疗器械
晋实医疗器械
货品装车视频
晋实医疗器械
晋实医疗器械
小宏
太好了，什么时候能到货？
晋实医疗器械
最晚周日能送达。
周日晚上 小宏家
怎么快递还不来？
可铃铃
是快递吗？

您好，湖畔别墅需要了解下吗？
不需要！
会不会出什么问题？
小宏挂断电话。
怎么啦？看你今天守着电话一天了！
我们群里捐款买口罩，厂家说今天能到货，这么晚了快递还不来！
小宏妈妈见小宏魂不守舍，忍不住问。
那你就干等着吗？上网查下快递到哪里了？
对哦！我查一下厂家给的快递单号。

小宏随即打开网页，输入快递单号。
Bai du 百度
快递单号查询
网页 图片 贴吧 资讯 文库 知道 地图
快递查询
快递查询 物流查询 国际货运
公司名称 X X 快递
快递单号 xxx
查询
圆通 申通 韵达
顺丰 EMS 天天 京东
此快递单号不存在！
此快递单号不存在！
小宏不敢相信，又连输入两遍快递单号，结果都是“此快递单号不存在！”。
晋实医疗器械
小宏
你好
您与“晋实医疗器械”不是好友
请添加好友后交流
小宏心里咯噔一下，立即打开QQ对话框，询问“晋实医疗器械”。
110
添加号码
小宏愣住，意识到自己被骗了，随即报警。

十天后 派出所
警方通过银行转账信息，抓获了冒充“晋实医疗器械”的小晋。
是我鬼迷心窍，一心想着买电脑，犯了罪。营业执照、快递单号都是我网上下载来的。呜呜呜，我错了……
审讯桌前，小晋低头忏悔。
警方将追缴的赃款发还给了小宏。
法院最终判决：小晋犯诈骗罪，判处有期徒刑十个月，并处罚金。

燕子姐姐开"心"一刻

贝贝，好久不见！
最近你又关注上什么啦？
燕子姐姐，我们记者站正忙着组织线上募捐呢！新冠疫情来势汹汹，四面八方都在驰援。不过我发现，在网上做事情还真得处处小心！听说已经有人被骗了呢！
你说的是不是小宏在网上为某地买爱心口罩被骗的事？
对对对！听说有人假扮口罩生产商与小宏谈生意，小宏求购心切，信以为真，将大笔善款转账给了对方，差点钱物两空！
小宏遭遇的是典型的网络诈骗。燕子姐姐要再次提醒，网络诈骗变化多端，花样百出，大家一定要提高警惕，善于甄别，避免受骗！
看来大家还是要擦亮眼睛，献爱心也要小心谨慎！

献爱心是好事，但务必认准正规捐献途径，安全有序地献爱心。
嗯嗯！不过利用爱心诈骗，真是太可恶了！
疫情面前，有的人大公无私，尽展善与美；有的人自私自利，走向罪与恶。
所以我们要从小学习法律知识，否则就容易触碰法律红线！
没错，尽管是未成年学生，但也会受到法律惩罚！同时燕子姐姐还要强调，家长也要注意自己的教育方式，只堵不疏并非上策，还是要多倾听和理解孩子，尊重孩子的兴趣爱好，引导孩子树立正确的人生观与价值观，培养孩子成为有理想、有道德、有爱心的守法好公民。
谢谢燕子姐姐，每次听您的分析都受益良多！

番外篇

周日下午 社区广场
我把我的压岁钱全拿出来了！
我决定把买《绝地武士》和手办的钱统统贡献出来！
我今年不买裙子了，把零花钱全捐出去。
我准备捐我一年的丸子钱！
我要和超超哥一样。
豆豆作为志愿者，与社区工作人员一同组织捐款。“超顽皮”等人规规矩矩地戴着口排队捐款。
小宏接到豆豆电话，和妈妈一起来到捐款处，准备把失而复得的3.5万元善款通过社区捐给某地。
这个善款用到哪里？
新冠防疫
小宏指着捐款箱，谨慎地问豆豆。

所有钱将用于采购医疗物资，支援某地。
现在物资紧缺，网上消息真假难分，采购时一定要非常谨慎，不要重蹈我的覆辙。
放心吧，小宏。
我们这次的筹款最终会送往红十字会，由红十字会官方统一采购物资驰援一线，物资去向也会在网上公示。
嗯！那我就放心了！
新冠
防疫
小宏小心翼翼地从书包里拿出善款，郑重地交给社区工作人员。
办理完捐款手续，小宏满心欢喜地将“麻瓜书屋”的捐款证明发到了读书群。
麻瓜书屋（150）
小宏
豆豆
巴比塔

相关法条

《中华人民共和国刑法》

第十七条　已满十六周岁的人犯罪，应当负刑事责任。

已满十四周岁不满十六周岁的人，犯故意杀人、故意伤害致人重伤或者死亡、强奸、抢劫、贩卖毒品、放火、爆炸、投放危险物质罪的，应当负刑事责任。

已满十二周岁不满十四周岁的人，犯故意杀人、故意伤害罪，致人死亡或者以特别残忍手段致人重伤造成严重残疾，情节恶劣，经最高人民检察院核准追诉的，应当负刑事责任。

对依照前三款规定追究刑事责任的不满十八周岁的人，应当从轻或者减轻处罚。

因不满十六周岁不予刑事处罚的，责令其父母或者其他监护人加以管教；在必要的时候，依法进行专门矫治教育。

第二百六十六条　诈骗公私财物，数额较大的，处三年以下有期徒刑、拘役或者管制，并处或者单处罚金；数额巨大或者有其他严重情节的，处三年以上十年以下有期徒刑，并处罚金；数额特别巨大或者有其他特别严重情节的，处十年以上有期徒刑或者无期徒刑，并处罚金或者没收财产。本法另有规定的，依照规定。

《中华人民共和国未成年人保护法》

第一百一十三条　对违法犯罪的未成年人，实行教育、感化、挽救的方针，坚持教育为主、惩罚为辅的原则。

对违法犯罪的未成年人依法处罚后，在升学、就业等方面不得歧视。

第七篇

毒品的誘惑

周五下午 高二(3)班
可可可
放学铃声响起，同学们都在整理书本。
林林，明天来我家吃饭吧，“超顽皮”三个也来的，我妈准备做些红烧肉。
我就不去了，我爸爸妈妈明天回来！
你爸爸妈妈好久没回来了，你一定很想念他们吧？
是啊，半年没见了。

祝你周末愉快！
祝你们明天玩得开心！
周五晚上 林林家
聪明勇敢有力气，我真的羡慕我自己……
林林一边把新买的水果放进冰箱，一边哼着歌。
林林麻利地收拾桌子、拖地、叠衣服，忙得不亦乐乎。

妈妈，你们明天几点到车站呀，我去接你们！
林林，临时来了个急活，这周我们回不去了。
电话声突然响起，林林兴奋地接起电话。
又是这样！
林林，不要生气嘛，下个月我和爸爸肯定回去。
林林失望地嘟起嘴。
又是下个月，都几个下个月了，每次都这么说。
妈妈再给你打点钱，想吃什么就买什么，不要太节约。
我不要钱！我要你们回来看我！
林林将电话扔在床头，委屈地哭了起来。

林林眼角含泪，漫无目的浏览手机网页。
《不开心就点进来，
一秒享受快乐！》
一个帖子映入眼帘。
生活压力太大了？
烦恼一箩筐？
快乐很简单，点了就知道。
进入
林林好奇地点进界面。
林林
你有什么办法让人开心？
小田
我这里能提供一种烟草，能让人快乐起来，忘记所有烦恼！
小田
林林
它是大麻吧？这不是毒品么？
于是林林添加了楼主小田的微信，开始私聊。
小田
这你就不懂了吧，大麻在我们这里不属于毒品，是合法的，懂吗？
林林
会不会上瘾啊？
小田
哪那么容易上瘾啊？我们这里好多人一直吸食大麻都没事。你可以先买一点试试，不贵的，觉得好你再买。
林林
确定没问题吧？不会被查到吧？
小田
放心吧，我从国外快递给你，绝对安全！
好吧！我先试试。

周三下午 林林家
林林偷偷地确认门外没有人，急忙拿出藏在书包里的快递，快递上标注着“生活用品”。林林打开包裹，看到里面是一小包枯叶。
林林看着大麻，有些犹豫。
林林
快递我收到了。
林林
大麻吸了真的不会上瘾吗？
小田
放心，我天天吸都没上瘾。
小田
很舒服的，你试试就知道了。
林林终于下定决心，按照包装上的提示开始吸食。
林林躺在沙发上，瞬间觉得身体松弛了下来，心情愉悦，飘飘欲仙。

周五上午　高二(3)班
林林心不在焉地看着窗外，眼神空洞。
林林，看黑板！
注意听讲！
林林还是一动不动。
林林，看黑板！
听到没有！
班主任加大嗓音叫林林。
林林，老师
叫你呢！
豆豆赶忙伸手碰了碰林林。

妈妈，
你回来啦？
林林回过神，迅速站起身来，大声说道。
同学们听了哄堂大笑。
林林这是
怎么了？
豆豆疑惑地看着林林。
周六晚上 林林家
林林难受异常。
爬到抽屉旁又拿出大麻吸食了起来。

这次林林吸食大麻后开始出现幻觉，扭曲的房间中满是蝴蝶。
林林踉踉跄跄地走着，脚下不稳，碰倒桌上的水杯，倒地后，头部被碎玻璃划出一道血痕。
啊~
林林摸了摸额头，看着满手黏糊糊的血迹。
我是不是真的受骗了？
林林精神萎靡地徜在床上，心情懊恼

林林拿起手机，仔细查阅大麻的介绍。
大麻（毒品）内的四氢大麻酚能极大刺激神经系统，使人呈现精神衰退现象，吸食过量可发生意识不清、焦虑、抑郁，对人产生敌意冲动或有自杀意愿。
长期吸食大麻可诱发精神错乱、偏执和妄想，给记忆和行为造成损害，可使大脑记忆及注意力、计算力和判断力减退，使人思维迟钝、木讷、记忆混乱。大量或长期使用大麻，还可引起退行性脑病，对人的身体健康造成严重损害。
我完了……
林林惊出一身冷汗，喃喃道。
两周后 周一中午 学校门口
学校
大麻成瘾的林林，很快花光了身边的钱，走投无路下决定继续从境外网友处购买大麻，再通过平台进行转卖赚取差价。
林林鬼鬼祟祟地来到校门口，和职校学生小张碰头。路过的豆豆觉得有些奇怪，远远看着。

快点，
快点！
林林左右张望，见无人，迅速将一个小袋子递给小张。
怎么这么少？
小张用手掂了掂。
周五我再来找你。
有就不错了，赶紧把钱给我！等着吧，周五才能到下一批。
你小点声！
林林吓了下跳，紧张地提醒小张。
豆豆远远地看着这一幕，疑惑重重

下午 高二(3)班
小田
林林
你尽快给我发货，还是上次的地址，最好是周五前能到。
小田
好，我尽快。
课间，林林偷偷拿出手机给小田发信息。
林林，
和谁聊天呢？
豆豆看到林林偷偷拿出手机与人聊天，走上前，拍拍林林肩膀。
林林吓了一跳，赶忙将手机收起来，放进上衣口袋。
你怕什么啊？
没什么，我以为是班主任呢，吓了一跳。

林林，你最近怎么了？我看你精神不太好，生病了吗？
没事。
我看你可不像没事的样子，你看你的熊猫眼。
啊，这是熬夜熬的。
中午校门外的那个人是谁？为什么给你钱？
你看到了啊？那个……那个……那是我……我姑姑家的表哥……
唉，我知道叔叔阿姨总不在家，你自己一个人挺难的，但你要照顾好自己，不要和外面社会上的人来往。
放心吧，豆豆，我没事。

周四傍晚 林林家
怎么才来啊！
门被敲响，林林拿着手机高兴地跑去开门。
打开门，站在林林面前的却是警察。
林林愣在原地，手机从手中滑落。
周四晚上 派出所
你从国外购买的大麻已经被中国海关查获，你知道吸毒贩毒是犯法的吗？
警察叔叔，我被骗了，他们说大麻不是毒品，我好奇就买来试试。

你还有剩下的大麻吗？
我全部卖给小张了。
我上当了，我试着戒过，但戒不掉，警察叔叔，我错了，饶过我这一次吧！
大麻是毒品，难道你不知道么？
警察叔叔，我真的错了，但我只卖了一点点，我会被判刑么？
你现在涉嫌走私、贩卖毒品，无论数量多少，都应当追究刑事责任。
最终，法院以走私、贩卖毒品罪，判处林林有期徒刑一年六个月，并处罚金。

燕子姐姐开“心”一刻

燕子姐姐，林林“借毒消愁”走上犯罪道路，您听说了么？
嗯，我听说了，林林因为好奇，通过吸食大麻消愁解闷，没想到染上毒瘾，走投无路下“以贩养吸”，触犯了法律。
毒品真是太可怕了！
毒品极易成瘾、损害健康，危害家庭和社会，所以国家一直严厉打击毒品犯罪，贩卖毒品罪是《刑法》八大重罪之一，年满14周岁就要承担刑事责任。
这么严重！林林这次教训真是太深刻了！
现在毒品种类繁多，尤其新型毒品伪装性、迷惑性极强，更容易上瘾。

嗯嗯，我之前也看到过新闻报道，一些不法分子将毒品包装成奶茶粉、巧克力、可乐等常见食品，极难辨别。
对，而且未成年人心智尚未成熟，容易受到网络各类不良信息的影响和诱惑，甚至抱着好奇心理走上了吸毒道路。
那我们该如何预防未成年人接触毒品呢？
首先，我们未成年人要克服好奇心、杜绝侥幸心理，不吃陌生人递来的糖果等，不去网咖、酒吧等复杂场所，正确认识毒品危害，自觉远离毒品。同时家长要做好教育监管，关心关爱孩子，防止孩子接触不良群体和信息，走上歧路。学校要不断扩大禁毒教育的覆盖面，将禁毒意识根植在学生心中，促进青少年健康成长。
对毒品说“不”！
燕子姐姐说得真是太全面了！我们一定要对毒品说“不”！

番外篇

周六上午 皮皮家
GAME攻略
GAME攻略
一秒ggg级快乐，
极致体验，
快乐升级！
快打开看看，
是什么游戏？
一秒ggg级快乐，
极致体验，
快乐升级！
让你感受快乐的方法，
只需要一种烟草。

好像不是游戏。
嗯，烟草应该是指香烟，吸烟有什么快乐，怪呛人的！
你们在干嘛？我们一起去打羽毛球吧？
这里写着详情请咨询客服，可以问问。
那这烟也太贵了，而且为什么是粉末的呀？
这就是毒品！我们是不是要举报？
这可能是贩毒信息，奇怪的链接不要乱点。

喂，110吗？
我要举报。
周日晚上 豆豆家
5
豆豆的生日晚餐热烈进行着。
警方接到举报电话，
成功捣毁网络贩毒犯
罪团伙13人。
今日新闻
这不就是我们
看到的网页嘛！
看来我们举
报的没错。
这真是最好
的生日礼物。
快乐的选择有无数种，
毒品是最错误的选择。

相关法条

《中华人民共和国刑法》

第十七条　已满十六周岁的人犯罪，应当负刑事责任。

已满十四周岁不满十六周岁的人，犯故意杀人、故意伤害致人重伤或者死亡、强奸、抢劫、贩卖毒品、放火、爆炸、投放危险物质罪的，应当负刑事责任。

……

对依照前三款规定追究刑事责任的不满十八周岁的人，应当从轻或者减轻处罚。

……

第三百四十七条　走私、贩卖、运输、制造毒品，无论数量多少，都应当追究刑事责任，予以刑事处罚。

走私、贩卖、运输、制造毒品，有下列情形之一的，处十五年有期徒刑、无期徒刑或者死刑，并处没收财产：

（一）走私、贩卖、运输、制造鸦片一千克以上、海洛因或者甲基苯丙胺五十克以上或者其他毒品数量大的；

……

走私、贩卖、运输、制造鸦片二百克以上不满一千克、海洛因或者甲基苯丙胺十克以上不满五十克或者其他毒品数量较大的，处七年以上有期徒刑，并处罚金。

走私、贩卖、运输、制造鸦片不满二百克、海洛因或者甲基苯丙胺不满十克或者其他少量毒品的，处三年以下有期徒刑、拘役或者管制，并处罚金；情节严重的，处三年以上七年以下有期徒刑，并处罚金。

……

利用、教唆未成年人走私、贩卖、运输、制造毒品，或者向未成年人出售毒品的，从重处罚。

对多次走私、贩卖、运输、制造毒品，未经处理的，毒品数量累计计算。

第三百五十七条　本法所称的毒品，是指鸦片、海洛因、甲基苯丙胺（冰毒）、吗啡、大麻、可卡因以及国家规定管制的其他能够使人形成瘾癖的麻醉药品和精神药品。

……

第八篇：

致命游戏

周六凌晨 小唐家
福
小唐妈妈刚下班回家。
餐桌上，做好的饭菜纹丝不动。
这孩子，做好的饭也不吃！
小唐妈妈叹了口气，无奈地摇摇头。
卧室里，小唐坐在电脑前，桌边放满了吃剩的外卖。
小唐妈妈开始收拾桌子。

啊！
好疼！
小唐妈妈撞到了桌脚。
小唐听到妈妈的叫声吓了一跳，手一滑。
游戏中的车子便撞上了房屋，随即爆炸。
GAME OVER
大半夜，
鬼哭狼嚎的，
烦不烦啊！
小唐怒气冲冲地走出卧室，冲着妈妈大声吼道。
这么晚了还没睡？
又在玩游戏！
小唐妈妈坐在椅子上，揉着脚尖，一脸惊讶。
你睡你的，
别管我！
“砰”的一声，小唐用力摔上门。

周日上午　网吧
小唐和朋友小李在网吧玩游戏，小李一脸懊丧。
失败
小唐凑上前看到屏幕上“失败两个大字。
你这游戏没劲！我推荐你个更刺激的。
什么游戏？
小唐随即打开一个游戏界面。
捕游戏
这个游戏是这样的，追捕击打次数越多，得分越高，最终能逃离追捕，就算赢了。
小唐开始操作游戏。
为什么追捕者不抓你？
瞧好啦！
小李看着追捕者站在路中间一动不动，不解地看向小唐。

小唐一顿操作。
电脑界面中的“逃犯”拿起一根棍子，开始用力击打路人。
“逃犯”打完人之后，迅速钻进路边的敞篷吉普，猛踩油门。
随即追捕者飞快地追了上去。车子撞上路人。
撞到人了！
小唐冷漠地说，
不要管，现在的任务只有一个，那就是极速飙车，撞人了也不要停，但避开障碍物。看，赢了！
WIN

我给你讲，
这都不算什么！
WIN
这游戏挂上剧情扩展包，
甚至可以扮演“黑社会”，
争抢地盘，老刺激了！
这也太暴力了……
周一放学后　回家路上
便利店
便利
豆豆和“超顽皮”一起回家。
快跑，
我们去买吃的，
去晚了就没了。
丸丸看到前面便利店，激动不已。
皮皮一脸得意地冲在最前，一时疏忽没有看到蹲下身系鞋带的小唐。
利
哎，别跑，
小心撞到人。
皮皮直冲冲地将小唐撞倒。

皮皮一脸歉疚，连声道歉。
对不起！哥哥，你没事吧？
小唐怒气冲冲地爬起身，用力推了皮皮一把。
对不起！哥哥。
皮皮赶忙躬身道歉。
对不起有什么用！
小唐仍然不依不饶，继续推搡皮皮。
人家小学生已经道歉了，你怎么还动手！
这时豆豆上前伸手挡住小唐。
算了，懒得理你们！
小唐看着比自己高出一头的豆豆，心中胆怯。

我要是有车，现在就撞死你们几个！
小唐憋着气，愤然转身离开。
周二中午　初二（3）班
大家把数学作业准备一下，我要收作业了。
作业
课间休息，数学课代表小何在班级收作业。
小唐，你的作业写好了吗？
没有。
作业
小何有序地收着作业。
小唐，这是上周五留的作业，这么多天的时间，你为什么不写呢？
作业
我偏不写！别打扰我睡觉！
唉！小唐，你别趴下啊，你现在补还来得及，我晚点来收你的作业。
作业
小何见状，有些无奈，推了推小唐。

少碰我，
想打架是么！
小唐猛地站起身将小何手中的一叠作业掀翻在地。
你干嘛呀！
老子最烦别人
指我！

别打了！别打了！
快去报告老师！
别打了！别打了！
周围的同学赶忙上前拉架。
周二中午 办公室
小唐怎么又和同学打架了，唉……赶紧通知他家长！
嘟嘟嘟……
班主任拨打小唐爸爸的电话，小唐爸爸正在工地挖土，手机在远处放着，没有听到电话声。

嘟
嘟
嘟……
班主任连忙又拨打小唐妈妈的电话。
¥30.00
小唐妈妈在超市收银，柜台下的手机显示静音。
唉，
怎么都不接
电话……
办公室
小唐和小何站在办公室门口。
下次再惹我，
老子捅死你！
小唐恶狠狠地瞪着小何。
室
看着凶神恶煞般的小唐，小何不自觉地往一旁挪了挪，不敢直视小唐。

周二晚上 小唐家
追捕 游戏
GAME
小唐正在卧室中兴奋地玩着暴力飙车游戏，门铃声突然响起。
叮咚~
小唐哥哥，我家电脑坏了，能不能用一下你的电脑？我想查点资料。
小唐黑着脸打开门，邻居小西拿着一盒巧克力出现。
这个是谢礼。
小西笑着将手中的巧克力递给小唐。
CHOCOLATE
行吧，最多半小时，别耽误我玩游戏！

好的,好的,
小唐哥哥，我很快的！
搜索
GAME
小西迅速坐到电脑前开始查资料。
80%
血量
杀人数：N
救命！
看着小西的背影，小唐脑海中浮现游戏中女孩被追杀的背影。
我现在还原游戏的追杀场景，把小西给杀了，肯定比电脑中的游戏更刺激！
哈哈哈
小唐狂笑，兴奋地抓起哑铃，冲向小西。

小西抬起头，一脸惊愕。
救命！
小西看着砸向自己的哑铃，拼命用手去挡，但没挡住。
小西顿时血流不止，捂着头想逃跑。
小唐用力将小西拖去卫生间。
小唐把小西头摁进洗手池，看着手爬脚蹬的小西。
小唐兴奋地浑身颤抖起来。

小西渐渐失去反抗能力，不动弹了。精疲力尽的小唐也瘫倒在地上。
不知过了多久，突然，卫生间门被推开。
妈妈……
我……我，
杀人了……
小唐抬头看到一脸惊恐的妈妈。
POLICE
小唐在母亲的陪同下到公安机关投案。
被告人
经审理，法院判决被告人小唐的行为已构成故意杀人罪，判处有期徒刑十五年。

燕子姐姐开“心”一刻

精彩节目
即将开始
美美在客厅看电视。
“超顽皮”在房间打游戏。
A
B
人物已锁定
普法课堂
网瘾少年深陷
血色迷雾
主持人
快来！快来！燕子姐姐上电视啦！
本期主题
欢迎收看每周六晚的“普法课堂”。本期主题《网瘾少年深陷血色迷雾》，沉默的孩子突然成了杀人犯？
燕子法官，这其中究竟发生了什么？

普法课堂
网瘾少年深陷血色迷雾
本期主题
可以说，这是一场暴力网游引发的悲剧。主人公小佳（化名）在初中时迷上了一款暴力飙车游戏，长期接触后小佳逐渐出现幻觉，不由地模仿游戏场景，后竟然将邻居女孩杀害。
暴力游戏
!!
游戏太可怕了！
超超，你也别玩了吧……
我太难了……
游戏也没得玩了……

难以置信，这样的恶性案件还并非少数。游戏只是用来娱乐的，为什么变成孩子们的“精神鸦片”了呢？
网游≠毒品，但过度游戏后果非常严重，不仅会引发焦虑、抑郁等心理问题，未成年人的行为模式也会改变，就像小佳一样，长期与现实生活脱轨，甚至走上犯罪道路。
那应该如何杜绝负面影响呢？是不是不让孩子玩游戏就解决问题了呢？
“堵不如疏”，最近相关部门出台了一系列“游戏防沉迷新规”，包括限制在线时间、设定充值上限等，游戏公司、学校等各方都会加强对未成年人身心健康的保护。家长更要放下手机，多和孩子交流，关注未成年人的心理需求，陪伴孩子一起丰富兴趣爱好。
非常感谢燕子法官带来的精彩分析。小朋友们，“升级打怪”真有趣，合理时长别忘记，户外阳光正灿烂，减少网游促成长！
燕子姐姐说的真好！我和爸爸妈妈约定好游戏时间后，快乐双倍！
燕子姐姐刚刚说的新法规，我这里存了，谁想看？
我也要学，带我一个！
我我我！

番外篇

周六下午 墓园
××墓园
"超顽皮"和豆豆来到墓园。
有一个人正在小西墓碑前献花。
那个人是不是小唐妈妈？
小唐妈妈！
皮皮指着远处的一个身影说道。
小唐妈妈放下花束，转身迅速离开。
小唐妈妈为什么急着走开？
也许是因为歉疚吧。

小西
(20XX—20XX)
墓碑前的鲜花随风摇曳。
小西
(20XX—20XX)
照片上的小西依然笑容灿烂。
我们失去了聪明能干的小西，今后的活动还怎么展开……
小西
(20XX—20XX)
小唐的代价实在太大了，他的一念之差，不仅自己失去了自由，两个家庭也永久地失去了笑容。
没想到小唐这么残忍……真是太可怕了！

相关法条

《中华人民共和国刑法》

第十七条　已满十六周岁的人犯罪，应当负刑事责任。

已满十四周岁不满十六周岁的人，犯故意杀人、故意伤害致人重伤或者死亡、强奸、抢劫、贩卖毒品、放火、爆炸、投放危险物质罪的，应当负刑事责任。

已满十二周岁不满十四周岁的人，犯故意杀人、故意伤害罪，致人死亡或者以特别残忍手段致人重伤造成严重残疾，情节恶劣，经最高人民检察院核准追诉的，应当负刑事责任。

对依照前三款规定追究刑事责任的不满十八周岁的人，应当从轻或者减轻处罚。

因不满十六周岁不予刑事处罚的，责令其父母或者其他监护人加以管教；在必要的时候，依法进行专门矫治教育。

第二百三十二条　故意杀人的，处死刑、无期徒刑或者十年以上有期徒刑；情节较轻的，处三年以上十年以下有期徒刑。

《中华人民共和国未成年人保护法》

第六十六条　网信部门及其他有关部门应当加强对未成年人网络保护工作的监督检查，依法惩处利用网络从事危害未成年人身心健康的活动，为未成年人提供安全、健康的网络环境。

第六十八条　新闻出版、教育、卫生健康、文化和旅游、网信等部门应当定期开展预防未成年人沉迷网络的宣传教育，监督网络产品和服务提供者履行预防未成年人沉迷网络的义务，指导家庭、学校、社会组织互相配合，采取科学、合理的方式对未成年人沉迷网络进行预防和干预。

……

第九篇：

天台暴力

周二上午 开心学校
可——
高二（3）班
同学们好！
老师好！
这是我们的新同学文文，因为父母工作调动转学过来的，大家掌声欢迎！
耶！
欢迎 欢迎
欢迎新同学！
啊！
同学们这么热情，新的学习生活一定很美好！
来来来，文文，我给你介绍介绍咱们班的同学。
语文

那个是豆豆，咱们班的学霸，聪明、热心肠，有不会的可以去找他。
这是咱们班体育委员阿伟，体育超强，咱们学校百米冠军！
漫画王者
这个是阿东，漫画特别棒，画黑板报也数他最牛！
快去超市给我买盒牛奶！别磨蹭！
哪有一元钱的牛奶，这不是欺负人么……
小点声！我跟你讲，那个是丹丹，咱们班大姐大，最喜欢欺负人。身边那几个分别是小芳、小珍、小华，都是她的跟班。
这个班级里，最不能惹的就是她们几个。
嗯~嗯~

课间休息
这杯子挺好看啊！
你有病啊！大热天放这么烫的水！
我的杯子……
你的破杯子值几个钱，老娘都被烫伤了！
作业本
丹丹拿起小溪桌上的作业本，撕成两半。

看着扬长而去的丹丹，小误一脸委屈地哭泣起来。
文文看着这一幕，有些不忍，起身想要去安慰小误。
你别去，不要给自己惹麻烦。
有什么关系，我就去安慰一下她而已。
文文来到了小误身边。
这新来的不懂事啊，竟然跟我们丹姐唱反调！
是啊，看来得给她点颜色瞧瞧！

周二中午 食堂
菜单
菜单
哎呀，真不好意思，没看到你呢！
文文一个踉跄差点摔倒，所幸豆豆及时扶住。
没事吧，文文？
没事，谢谢你啊！
我们坐那儿吧。

丹姐，来这里坐。
突然出现的小芳和小珍将文文挤开，一屁股坐了下去。
算了，
我们换个位置吧。
她们怎么这么霸道？

你还没看出来吗？
肯定是因为你上午安慰小淏的事，她们这是在故意针对你呢！
不至于吧？都是同学。
别人不会，但她们肯定是不怀好意的，你啊，以后尽量离她们远点。
周三下午 卫生间
你干嘛把水往我身上甩？
我没有啊。
我说有就是有，做错了事，就得接受惩罚！

说完，丹丹将刚洗完的手抹到文文衣服上。
算了，
一点水而已。
周五晚上 文文家
文文看到自己被丹丹拉进一个名叫“欢迎文文”的微信群。
聊天信息（12）
丹丹
小芳
小珍
群里一共12个人，有丹丹、小芳、小珍，剩下的都不认识。

文文
这是什么群？
丹丹
当然是欢迎你的群啦，大家都想认识你，明天下午3点星空商场顶楼天台，你过来，我们好好聊一聊。
文文
不用了吧……
丹丹
怎么，不给我面子？我告诉你，你明天不来，有你好看的！
要不要告诉爸爸妈妈和老师呢，嗯……
算了，也许我去道个歉就行了，大家都是同学，不会怎么样的。
文文
那好。
文文
我明天就来吧。
周六下午 星空商场
文文来到了约定的商场顶楼天台。
丹丹等人将文文团团围住。

文文同学，
你来晚了啊！
没晚呀！
我说有就有！
门∧门 对不起！
我让你说话了么！
臭猪！就喜欢和我
作对是不是？
丹丹随即又狠狠地打了文文一巴掌。

不是的……
丹丹对着文文又是一巴掌。
还说！老娘不想听你说话！你是猪么？
这时小跟班小华走过来，一脚踢在文文膝盖窝，文文应声跪倒在地上。
呜……
跪着说话多方便啊，你们说是不是？
可不是么，臭猪就得抬头看人！

还是不解气啊，把她衣服给我扒了！
啊！
不要啊，不要，救命啊！
无奈对方人多势众，文文只能任人摆布。小华拿着手机对着文文不断拍摄。
你们摁住她啊，对对对，把能脱的都脱了。
嘻嘻嘻~
众人发出“嘻嘻嘻”的笑声。
好像有点太过分了，但我不能去帮她，不然遭殃的就是我了。
其中有一个站在后面的同伴皱了皱眉。

周六晚上 文文家
欢迎文文(12)
小华
您有一条新消息
文文打开手机，看到小华将自己被欺负的视频发到了微信群。
小方
想不到臭猪的身体发育得还不错。
阿豪
叫得太难听了。
小珍
有几段没拍清楚啊。
群里的人回复着不堪入目的信息。
朋友圈
小华
留言
丹丹
小珍
小芳
文文点开微信朋友圈，再度看到了自己的视频。

欢迎文文
之后，文文精神恍惚，无心学习，自闭抑郁。
豆豆无意间看到了小华拍摄文文受辱的视频。
豆豆主动报告了老师，学校立即报警。医生诊断，文文患上了创伤后应激障碍，必须长期进行心理治疗。
被告人
经侦查，警察将丹丹及其中积极参与侮辱的小芳小珍、小华抓获。法院最终判决：四人犯强制侮辱罪，分别判处有期徒刑一年至二年不等的刑期。

燕子姐姐开“心”一刻

燕子姐姐，那个在商场天台上施暴的丹丹也太过分了！她们被判刑了。
是的，这是严重的校园欺凌事件，而且她们的欺凌行为已经构成犯罪了。
燕子姐姐，您能给我们说说校园里什么样的行为是欺凌吗？
校园欺凌，是指发生在学生之间，一方蓄意或者恶意通过肢体、语言及网络等手段实施欺压、侮辱，造成另一方人身伤害、财产损失或者精神损害的行为。
比如，起侮辱性绰号，对同学拳打脚踢等都是校园欺凌行为。

前两天，我看到文文姐姐在小区花园里坐着，她神情恍惚的样子真是太可怜了！
是啊，校园欺凌会使得被欺凌者的身体和心理遭受极大的伤害，并且容易留下长期难以消除的阴影。心理脆弱的人可能会引发自杀等极端行为。
天呐，校园欺凌真是太可怕了！幸好，豆豆哥哥主动报告老师，制止了丹丹她们的欺凌行为。
嗯,豆豆做得很棒！正因为他及时报告老师，才阻止了更为严重的后果发生。

那如果我们碰到这样的事情应当怎么做？
俗话说，“雪崩时没有一片雪花是无辜的”。如果被欺凌，我们要勇敢地向老师、家长、司法机关及时求助不应该忍辱受气，让欺凌者肆意妄为。
另外，我们看到别人被欺凌时，不能做“吃瓜群众”，要及时报告老师来制止这类事件。还有，为了防止发生这样的事情，我们更不能做施暴者，要培养遵纪守法的意识和良好的道德品质。
默默承受
施暴
嗯！我们青少年要做到不对人施暴、不默默忍受、不冷漠旁观！
冷漠旁观

番外篇

周一上午 开心学校
这位是这学期转到我们班的新同学小向，大家掌声欢迎！
孔老师站在讲台上向大家介绍新同学小向。
又圆又胖，像只小猪猪。
班上的“调皮鬼”小淘笑嘻嘻地趴在同桌耳边说悄悄话。
周四下午 开心学校
小向怎么不出去玩？
他可能比较内向吧，我去邀请他玩。
下课后，大家纷纷跑出去玩。超超看着独自坐在角落的小向有些意外。
皮皮说着就朝小向走去，这时小淘伸手拉住皮皮。
皮皮，离“向小猪”远点，别人都不愿意跟他玩，就你跟他玩，小心大家讨厌你！
放学后，“超顽皮”和四眼班长、妞妞、美美分别挥手再见，却没有理会走过的小向。

豆豆在校门口等“超顽皮”，看到这一幕，有些奇怪。
那不是你们班的小向么，为什么不和他打招呼？
我们班同学都叫他“向小猪”，都不愿意和他玩。如果跟他走得太近，别的同学会讨厌我们。
如果你是小向，别人都不和你玩，你是什么心情？
听了豆豆的话，“超顽皮”自感羞愧，低下了头。
开心联欢会
之后，为了帮助小向尽快融入集体，“超顽皮”主动邀请小向加入他们的春游表演团队。在春游开心联欢会上，他们的演出非常成功，赢得了同学们的一片掌声。

相关法条

《中华人民共和国刑法》

第十七条　已满十六周岁的人犯罪，应当负刑事责任。

已满十四周岁不满十六周岁的人，犯故意杀人、故意伤害致人重伤或者死亡、强奸、抢劫、贩卖毒品、放火、爆炸、投放危险物质罪的，应当负刑事责任。

已满十二周岁不满十四周岁的人，犯故意杀人、故意伤害罪，致人死亡或者以特别残忍手段致人重伤造成严重残疾，情节恶劣，经最高人民检察院核准追诉的，应当负刑事责任。

……

因不满十六周岁不予刑事处罚的，责令其父母或者其他监护人加以管教；在必要的时候，依法进行专门矫治教育。

第二百三十七条　以暴力、胁迫或者其他方法强制猥亵他人或者侮辱妇女的，处五年以下有期徒刑或者拘役。

聚众或者在公共场所当众犯前款罪的，或者有其他恶劣情节的，处五年以上有期徒刑。

……

《中华人民共和国未成年人保护法》

第一百一十一条　公安机关、人民检察院、人民法院应当与其他有关政府部门、人民团体、社会组织互相配合，对遭受性侵害或者暴力伤害的未成年被害人及其家庭实施必要的心理干预、经济救助、法律援助、转学安置等保护措施。

第一百三十条　……

（三）学生欺凌，是指发生在学生之间，一方蓄意或者恶意通过肢体、语言及网络等手段实施欺压、侮辱，造成另一方人身伤害、财产损失或者精神损害的行为。

笑笑
人数: 302
直播间人数++
用户1：666666
用户2：666

第十篇

迷失的直播间

周六中午 饭店
取 餐 区
服务员！
笑笑忙着招待顾客。
先生，有什么需要？
坐半天了，连杯水都没有，什么服务态度！
对不起，我这就去给您倒水。
服务员，点菜！
来了！来了！！
你先把水给我倒好啊！一点眼力都没有！
笑笑拿着壶奔向3号桌，1号桌的男顾客不满地说道。
笑笑无奈，给男顾客倒好水，随即给女顾客点单。
取 餐 区

笑笑疲惫地推着餐车，心中抱怨。
烦死了，这些顾客要求也太多了！
宝贝，你要好好学习哦，不然你就会像这个姐姐一样，只能当服务员，干最累的活。
当服务员怎么了，难道低人一等嘛！
你个小服务员，说你两句怎么了！
就是不行！你有什么资格说我！
不好意思，她刚来的，不懂规矩，请多担待！
你对顾客什么态度！你这个月奖金没了！
什么破工作，我不干了！

周六傍晚 小餐馆
点子哥，我不干餐厅服务员了，你帮我介绍个工作呗。
服务员管吃管住，不是干的挺好么，为什么不干了？
一点都不好，又脏又累，还要应付刁蛮的客人，腰都直不起来了。
点子哥冷笑一声。
好多工作都有学历要求，你高中都没毕业，哪来的好工作？！
你点子多，帮我想想办法呗。
你觉得销售员怎么样？
好啊好啊，我愿意试试！

半个月后 运动服装店
sport
笑笑经点子哥介绍，来到一家运动服装店工作。
37码有点小，我再试下38码的，黑色和蓝色各拿一双。
好的，我去仓库拿。
38. 黑
38. 蓝
唉，欣欣，我发现咱们这活一点也不轻松啊！
38. 黑
sport
是啊，天天站着，赚的还少。不过哪有什么轻松的活啊，想开点。
欢迎光临！
正说着话，豆豆带着超超、丸丸、皮皮走进店内。

哎！是笑笑啊！好久不见，原来你在这里工作呀？
抬头发现竟是高中同学豆豆，笑容一时凝固。
是啊，好久没见了。
豆豆犹豫了一下，说道。
说实话，我觉得你挺聪明的，中途辍学挺可惜的。
sport
笑笑脸一红，故作镇静地说。
我现在工作轻松，赚得也不少。挺好的。
仓库
先不说了，我得去仓库理货了！欣欣，帮忙接待一下！
豆豆看着笑笑匆匆离开的背影，长叹了一口气。

周日傍晚 小餐馆
厨房
点子哥，我还是想换工作。
又怎么了？
前几天我在店里遇到高中同学了，好尴尬。
这有什么好尴尬的。
售货员虽然工作环境还可以，但是太累了，赚钱也少，好没面子。
哎
你真是一点苦都吃不得啊！

点子哥，你帮我出出主意嘛，有没有那种漂漂亮亮、既赚的多又不累的工作？
有倒是有，就是不知道你敢不敢做？
有什么不敢的！是什么工作？
做福利直播，赚钱快，还不累，只要漂亮嘴甜就行。
这个……
我经常上葡萄直播，还有礼物提成，你肯定能赚大钱。
这么简单？
当然了，笑笑，你这么漂亮肯定行，只要发些私密视频就能拿到很多粉丝打赏。

行！我干！
葡萄直播
注册
登录
说完，笑笑兴奋地拿起手机注册了葡萄直播。
周五晚 出租屋
直播间人数200+
叮
哥哥们，今晚八点所有的好哥哥都有机会拥有线下福利哦！

人数：302
笑笑
用户1：666666
用户2：666
用户3：666666
×1
哥哥们，
福利也是有条件的哦！
只要今天刷一部999钻石跑车给笑笑，就可以加微信，看福利视频哦，还会不断更新哦！
么么哒~
说完给摄像头一个飞吻。

×1
"社会你王哥"
送你一辆跑车
用户4： 666666
用户5： 666666
× 1
× 2
谢谢王哥，你私聊我一下。
×2
"喜欢笑笑的小张"
送了一辆跑车
用户3： 666
用户4： 666666
× 1
× 2
谢谢张哥，可以私聊了。
"社会你王哥"
加你为好友，
是否通过？
接受
取消
直播结束，笑笑和“社会你王哥”等人互加了微信好友。

笑笑
这个视频是笑笑的独家私藏，不要外传哦！
笑笑
社会你哥
放心，下次哥还给你刷跑车、刷火箭哦！
笑笑
笑笑连续发送十余部淫秽视频。
直播收益
收益2000元
笑笑打开直播后台，急切地查看今天打赏提成。
才开播这么几天就有这么好的收益，我果然有做主播的天赋。
周日晚 出租屋
哥哥们，笑笑今天又来了啦！
记得关注哦！

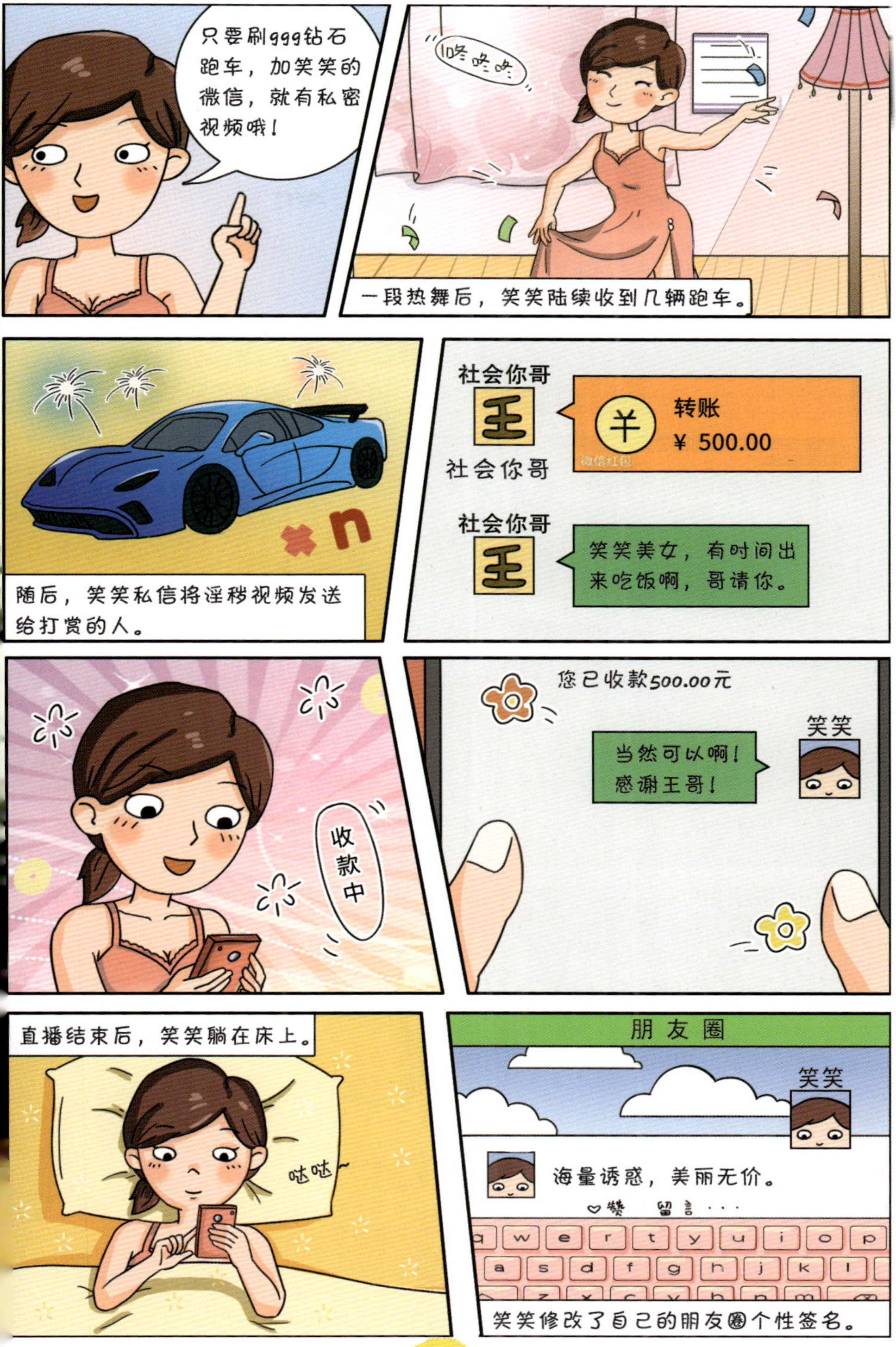
只要刷999钻石跑车，加笑笑的微信，就有私密视频哦！
咚咚咚
一段热舞后，笑笑陆续收到几辆跑车。
×n
随后，笑笑私信将淫秽视频发送给打赏的人。
社会你哥
王
社会你哥
转账
¥ 500.00
微信红包
社会你哥
王
笑笑美女，有时间出来吃饭啊，哥请你。
收款中
您已收款500.00元
笑笑
当然可以啊！感谢王哥！
直播结束后，笑笑躺在床上。
哒哒~
朋友圈
笑笑
海量诱惑，美丽无价。
♡赞 留言…
笑笑修改了自己的朋友圈个性签名。

周三晚 出租屋
笑笑正在视频直播。
咚咚咚
咔嗒
笑笑开门发现两个警察站在门口。
你是笑笑吗？

笑笑害怕地点了点头。
通过网络监控，你涉嫌向他人传播淫秽视频，跟我们走一趟！
笑笑耷拉着头，跟着警察走出去。
被告人
法院最终判决：笑笑犯传播淫秽物品牟利罪，判处有期徒刑十个月，并处罚金。

燕子姐姐开"心"一刻

燕子姐姐，豆豆哥班上一女生高中辍学后当了主播，最近因为转发淫秽视频被抓起来了！
对，如果为了牟利，转发有描绘性行为或者露骨宣扬色情的视频、图片，可能构成传播淫秽物品牟利罪。
原来如此！现在不少同学喜欢看直播、刷短视频，里面形形色色的内容，有些就特别低俗！
是的，这就是网络的参差！有些平台为了造人气、博眼球，无所不用其极。甚至涉毒、涉赌、涉黄，挑战法律底线，严重污染了网络环境。
就是，乌烟瘴气的，绝对要远离。
不良网络信息对于未成年人健康成长和价值观念形成有很坏的影响。国家主管部门对这些行为在不断打击，我们学生要提高鉴别力。

我们的学习生活很难离开网络，那我们该如何睁大眼睛去避免不良信息的侵害呢？
要学会屏蔽不良信息，最重要的还是要合理利用网络。大家的学习任务比较重，空余时间更应该安排一些有益身心的活动，培养自己的兴趣爱好，否则再多的时间也经不起挥霍！
就是，时间要用在刀刃上！与其让爸妈时刻盯着、防着，限制我们上网的时间，还不如自觉点，现在认真学，将来还能找到好工作，不然只能当主播了！
哈哈！当主播也不是不可以，但是这个行业刚兴起，鱼龙混杂，很容易让青少年受到不良信息的影响。当然，要做一个好的主播，也要付出努力，不能一心想着不劳而获，否则只会误入歧途，触犯法律！
嗯，您的话太有道理了，看来我得好好整理一下，出期专题，大家一起提升鉴别能力！
红人

番外篇

周六上午 豆豆爷爷家
豆豆和爸爸妈妈在爷爷家吃饭，爷爷抬起筷子，长叹一口气。
豆豆给爷爷夹菜，爷爷看着碗里的肉，又长长地叹了一口气。
爷爷，
你怎么唉声叹气的呀，
身体不舒服吗？
“摇 米”
爷爷摇摇头，又叹了一口气。
豆豆爸爸有些着急，赶忙问道。
爸，你别光顾着叹气啊，跟我们说说怎么了呀？

还不是因为园里那些橙子嘛！
今年橙子大丰收，又大又甜，您愁什么呀？
丰收固然好，可是疫情闹得经销商都不怎么来收橙子了，村里的橙子根本卖不出去啊！
这事儿的确挺难办！
啪
我有个好办法！
什么办法？
什么办法？
要不我们试试直播卖橙子？把滞销的橙子变成“网红”，怎么样？
用直播把橙子卖到全国，真是个好主意！

支持
豆豆的主意得到了爸爸、妈妈和爷爷的支持。
周日上午 皮皮家
群聊（15）
豆豆
明天上午九点，爷爷家果园直播卖货，大家捧场支持哦，谢谢！
超超、丸丸、美美、妞妞等人聚在皮皮家观看直播。
现在我吃的是我们开心村最有名的有机橙子，非常甜，绝对的鲜嫩多汁……
这豆豆直播的样子还真像个大主播，干什么像什么，皮皮你多向你哥学学哦！
知道了，老妈，你真是什么时候都能教育我呀！
阿姨，买5箱？太多了吧！
采采采×5
多买几箱，咱捐给隔壁小区疫情防控工作人员。
赞
几个孩子向皮皮妈，齐刷刷地竖起大拇指。

相关法条

《中华人民共和国刑法》

第十七条　已满十六周岁的人犯罪，应当负刑事责任。

已满十四周岁不满十六周岁的人，犯故意杀人、故意伤害致人重伤或者死亡、强奸、抢劫、贩卖毒品、放火、爆炸、投放危险物质罪的，应当负刑事责任。

已满十二周岁不满十四周岁的人，犯故意杀人、故意伤害罪，致人死亡或者以特别残忍手段致人重伤造成严重残疾，情节恶劣，经最高人民检察院核准追诉的，应当负刑事责任。

对依照前三款规定追究刑事责任的不满十八周岁的人，应当从轻或者减轻处罚。

因不满十六周岁不予刑事处罚的，责令其父母或者其他监护人加以管教；在必要的时候，依法进行专门矫治教育。

第三百六十三条　以牟利为目的，制作、复制、出版、贩卖、传播淫秽物品的，处三年以下有期徒刑、拘役或者管制，并处罚金；情节严重的，处三年以上十年以下有期徒刑，并处罚金；情节特别严重的，处十年以上有期徒刑或者无期徒刑，并处罚金或者没收财产。

……

第三百六十七条　本法所称淫秽物品，是指具体描绘性行为或者露骨宣扬色情的诲淫性的书刊、影片、录像带、录音带、图片及其他淫秽物品。

……

《中华人民共和国未成年人保护法》

第一百一十三条　对违法犯罪的未成年人，实行教育、感化、挽救的方针，坚持教育为主、惩罚为辅的原则。

对违法犯罪的未成年人依法处罚后，在升学、就业等方面不得歧视。

后记

坚持从青少年抓起，引导青少年从小掌握法律知识、树立法治意识、养成守法习惯，是全面依法治国的重要内容，也是每一位少年司法工作者背负的天然使命！结合案件审判，通过多种形式加强对青少年法治宣传教育，是落实“谁执法谁普法”普法责任制的必然要求。

如何从未成年人的心智特点出发，以趣味生动、通俗易懂的形式，让抽象枯燥的法律不知不觉走进未成年人的心田，在潜移默化中实现寓教于乐的效果，一直是全社会关注的话题。

《开心漫漫看》从诞生之时，使命就非常明确：让青少年法治教育不缺位。“开心”有“开心阅读”和“开启心智”的双重期待；“漫漫”，则有“漫画”“轻松”的双重意蕴。为了让画册更加贴近未成年人的身心特点和法律需求，浦东法院少年庭反复打磨，从案例精选到人物策划，从故事设计到脚本修改，一次次灵感迸发，无数个斟词酌句的挑灯夜战。2019年，在最高人民法院的支持下，该书“校园维权篇”“远离犯罪篇”由人民法院出版社面向全国公开出版，此后被教育部纳入《全国中小学图书馆推荐书目》，同名有声书上线了学习强国、喜马拉雅等平台，这些不仅是一份献给全国少年儿童的礼物，也是对默默奉献的普法创作团队的最大肯定。

随着网络时代的到来，网络为我们提供了极大便利和帮助，但同时网络又是一个十分复杂的虚拟空间，尤其对于未成年人，他们的心智尚未成熟，对网络鱼龙混杂的内容缺乏辨别能力，容易被那些心术不正的违法犯罪分子诱骗利用，因此误入歧途，甚至走上违法犯罪道路。此次又选编了“网络安全篇”，旨在为孩子们正确面对和使用网络提供安全警示。传统意义上，法院是居中裁判的场所，具有后发性，而在法治宣传教育中，法院却可以充分发挥专业优势、组织优势、资源优势，从司法审判到参与社会管理创新，将法治教育的关口提前，帮助孩子们茁壮成长。

在“燕子姐姐们”看来，时间就像一面镜子，自己倾情参与、见证了《开心漫漫看》的不断成长；与此相较，《开心漫漫看》也成为法官们踏上未成年人法治宣传和教育征程的见证者。从2008年起，浦东法院持续开展了“春天的蒲公英”青少年法治教育工程，从青少年法治需求和实效出发，研发“习近平法治思想进课堂”专题课程，组建法治副校长及青年法治巡讲团专业队伍，成立上海市首家专门家庭教育法官工作室并开设“家庭成长课堂”，持续推动青少年法治教育规范化、制度化、专业化、品牌化发展，做青少年成长的法治守护者，为越来越多的未成年人营造一个法治教育的“春天”。项目被中央综治委、团中央等评为“未成年人健康成长法治保障创新优秀事例”，并获评“上海市加强和创新社会管理十佳示范案例”，国家妇女儿童发展纲要评估检查工作组也两次前来考察，并给予充分肯定。

法治一习话，引领春天里。我们始终坚持习近平总书记强调的“法治建设既要抓末端、治已病，更要抓前端、治未病”[①]，扎扎实实推进青少年法治教育工作。如今，“春天的蒲公英”已成为一个充满人文关怀、体现上海核心价值、促进中国法治进程的法治教育工程。

世界的改变不是少数人做了很多，而是每个人都做了一点点。我们希望，通过我们的努力，让孩子们如蒲公英般茁壮成长，让法院人如蒲公英般扎根土壤，让法治理想和信仰如蒲公英般飘向四方。

编者

2023年7月

---

① 《完整准确全面贯彻新发展理念 发挥改革在构建新发展格局中关键作用》，载《人民日报 》2021年2月20日，第1版。

开心漫话

联系方式

电话：021-68541217

QQ：2264871355

地址：上海市浦东新区丁香路611号 少年家事庭 燕子姐姐 收

邮编：200135